INDISCH KOCHEN

SUNIL VIJAYAKAR

UMSCHAU

Im Gedenken an Leon

First published in Great Britain in 2005 by Hamlyn,
a division of Octopus Publishing Group LtD
2-4 Hero Quays, London E 14 4 JP

Übersetzung
Laura Willenbücher

Satz
Primustype Hurler GmbH, Notzingen

Printed in China

ISBN-13: 978-3-86528-273-6
ISBN-10: 3-86528-273-3

Hinweise

Die in diesem Buch verwendeten Löffelmaße beziehen sich auf gestrichene Standardlöffel:
1 Esslöffel (EL) = 15 ml
1 Teelöffel (TL) = 5 ml

Einige Gerichte enthalten rohe oder nur leicht gegarte Eier. Schwangere, stillende Frauen, Kranke, Babys und kleine Kinder sowie ältere Menschen sollten diese Gerichte meiden. Einmal zubereitet sollten sie gekühlt aufbewahrt und rasch verzehrt werden.

Einige Gerichte enthalten Nüsse, Mandeln oder Ähnliches. Menschen, die überempfindlich oder allergisch auf Nüsse reagieren, oder solche, die Gefahr laufen, eine Allergie zu entwickeln, wie ältere Menschen, Babys, Kinder, Schwangere und stillende Frauen, sollten auf Nüsse und Nussöle verzichten. Außerdem empfehlen wir, die Packungsangaben von vorgefertigten Zutaten sorgfältig zu lesen, weil hier möglicherweise Nüsse, Mandeln oder Ähnliches enthalten sein können.

Backöfen sollten auf die angegebene Temperatur vorgeheizt werden. Bei Heißluftöfen bitte die Herstellerangaben zur Anpassung der Temperatur berücksichtigen.

Die Ratschläge in diesem Buch sind von den Autoren und dem Verlag sorgfältig erwogen und geprüft, dennoch kann eine Garantie nicht übernommen werden. Eine Haftung der Autoren und des Verlages für Personen-, Sach- und Vermögensschäden ist ausgeschlossen.

Inhalt

Einleitung

Viele denken bei indischer Küche an stark fett- und kalorienhaltige Gerichte, die in Öl schwimmen und viel gesättigte Fettsäuren enthalten. Indisches Essen kann jedoch auch leicht und gesund sein, voller frischer Aromen, ansprechender Farben und vielseitige Konsistenzen aufweisen. In diesem Buch wird die traditionelle indische Küche auf moderne Weise zubereitet, indem klassische Aromen und Gerichte mit nahrhaften, fettarmen Zutaten auf gesunde Art gegart werden, um ein perfektes, authentisches Ergebnis zu erzielen, das man ohne schlechtes Gewissen genießen kann.

Sie finden eine große Auswahl an scharfen und milden Gerichten, von denen einige einen leichten, frischen Geschmack aufweisen, wieder andere die feine Konsistenz eines langsam geköchelten Dhals haben. Die Rezepte wurden auf Basis eines modernen Kochens entwickelt, das heißt es werden gesunde Zutaten, die frisch, schmackhaft und voller Aromen sind, verwendet.

Ein gut sortierter Vorratsschrank, der die Basiszutaten und -gewürze enthält, ist unbedingt notwendig. Das Meiste bekommen Sie in großen Supermärkten, aber ich würde unbedingt empfehlen, zu einem India- oder Asiamarkt zu gehen und sich eine Reihe an Zutaten zuzulegen. Lassen Sie sich nicht von neuen Zutaten abschrecken. Vergewissern Sie sich einfach, dass Sie alles zur Hand haben, bevor Sie anfangen zu kochen, der Rest ist einfach.

Letztendlich ist die wichtigste Zutat die Begeisterung und Freude, die Sie für Nahrungsmittel, Kochen und Essen mitbringen. Experimentieren Sie – nur so werden Sie mit Kochtechniken, neuen Zutaten, Aromen und Konsistenzen vertraut. Solange Sie in der Küche entspannt und ruhig sind, sich auf Ihr Gefühl verlassen und Ihrem Können vertrauen, entwickeln Sie mit Sicherheit eine köstliche, gesunde und abwechslungsreiche Ernährungsweise, die Sie mit Familie und Freunden teilen können.

SUNIL VIJAYAKAR

Frisch und gesund Die Rezepte in diesem Buch wurden alle unter dem Gesichtspunkt einer guten Ernährung entwickelt, unter Verwendung möglichst gesunder Zutaten und Garmethoden. Hauptsächlich werden Fett und Salz reduziert und frische Vollwertnahrungsmittel eingesetzt, damit Sie die „Kraftstoffe“ erhalten, die Sie gesund und fit bleiben lassen. In manche Gerichte wie Chutneys und Salate kommen rohe Früchte und Gemüse, für andere werden sie mit Gewürzen überzogen leicht gegart, damit alle wertvollen Nährstoffe erhalten bleiben. Fettarme Fleisch- und Geflügelteilstücke kommen zum Einsatz. Viele Gerichte werden mit gesundem fettem Fisch zubereitet, der die essenziellen Fettsäuren enthält, die so wichtig für eine gute Gesundheit sind.

Fett ist das wirkliche Übel in der traditionellen indischen Küche, da bei den meisten Rezepten Gewürze in *Ghee* (geklärter Butter) gebraten werden. Der Fettgehalt kann aber durch clevere Alternativen für Zutaten und Kochmethoden einfach reduziert und traditionelle Gerichte in gesunde Mahlzeiten verwandelt werden.

Ungesunder Ghee, der gesättigte Fettsäuren enthält, kann durch gesunde einfach ungesättigte Fettsäuren wie Sonnenblumen- oder Olivenöl ersetzt werden. Mit einer beschichteten Pfanne brauchen Sie gar kein Öl. Kaufen Sie fettarmes Fleisch und entfernen Sie die Haut von Geflügel, da sich dort das meiste Fett befindet. Viele stark fetthaltige Zutaten, die an klassische indische Gerichte kommen, wie Kokosmilch und Milchprodukte können durch fettarme Varianten ersetzt werden, das Ergebnis ist ebenso köstlich.

Zudem werden die gesündesten Garmethoden wie Dämpfen, Schmoren, Backen, Grillen und Pfannenrühren verwendet. So werden etwa Samosas traditionell frittiert, in unserem Rezept aber lediglich mit etwas Öl bepinselt und knusprig-goldbraun gebacken. So schmecken sie genauso gut, sind aber besser für Sie. Wer seinen Salzverzehr senken möchte, trifft mit indischem Essen die richtige Wahl. Durch die großzügige Verwendung von Gewürzen und Aromastoffen bekommen die Gerichte Geschmack, enthalten aber nur wenig Salz. Einige Tropfen Zitronensaft, etwas zusätzliche Gelbwurz, ein Spritzer Tamarindenwasser – mehr braucht es oft nicht, um die Geschmacksnoten eines Gerichts zu intensivieren und zu verbinden. Und haben Sie erst einmal angefangen, mit weniger Salz zu kochen, werden Sie feststellen, dass Sie auch gar nicht mehr so viel zu verwenden brauchen und den frischen, klaren Geschmack der anderen Zutaten und Aromen viel mehr genießen.

ESSEN AUF INDISCH Essen bedeutet in Indien, dass Familienmitglieder und Freunde die Mahlzeiten gemeinsam zu sich nehmen. Ein traditionelles Mahl besteht üblicherweise nur aus einem Gang – ganz zwanglos werden mehrere Gerichten auf

einmal auf den Tisch gestellt und jeder bedient sich selbst. Es gibt meist ein Fleisch-, Geflügel- oder Fischgericht, ein vegetarisches Gericht oder einen Dhal, ein Reisgericht, Brot, eine Schüssel mit Joghurt oder Quark sowie einige Pickles und Chutneys. Bei einem vegetarischen Essen wird ein Dhal, ein Gericht aus Hülsenfrüchten, als Proteinquelle gereicht. Bei festlicheren Anlässen oder für größere Runden kommen mehr Gerichte auf den Tisch.

Bei uns werden in einem indischen Restaurant oft eine Vorspeise, dann einige Hauptgerichte und schließlich ein Dessert serviert, was Sie mit den Rezepten aus diesem Buch auch machen können. Fühlen Sie sich nicht durch Traditionen gebunden, sondern genießen Sie die Gerichte schlicht so, wie Sie mögen. Essen Sie beispielsweise nur ein einziges, statt es als Teil einer Mahlzeit aufzutragen. Viele der Gemüsegerichte sind eine perfekte Beilage zu nach westlicher Art gegrilltem Fleisch oder Fisch. Gemüse-Samosas oder der Dip aus geräucherten Auberginen sind ideal für den kleinen Hunger. Die Getränke schmecken zu jeder Tageszeit, mit oder ohne Essen, und die Desserts genauso gut nach einem westlichen Menü wie nach einem indischen.

Was auch immer Sie mit den Rezepten in diesem Buch machen, bereiten Sie sie auf jeden Fall „indisch" zu: mit viel Freude am Kochen, Teilen und Verzehren von richtig gutem Essen.

Indische Aromen

Die Zutaten und besonders die wunderbaren Gewürze, Aromen, Kräuter und anderen Geschmacksgeber, die gemischt und zubereitet diese unverwechselbare Note ergeben, machen die indische Küche aus. Ein gut gefüllter Vorratsschrank ist unverzichtbar, und auch wenn es fast alle Zutaten in großen Supermärkten gibt, so ist doch nichts schöner, als zwischen den Regalen von Asia-Läden und Feinkosthändlern herumzustöbern, um sich kulinarisch inspirieren zu lassen und seiner Vorliebe für exotische Speisen zu frönen. Allein beim Duft scharfer Gewürze und beim Anblick der Berge fantastischer, frischer Zutaten wollen Sie bestimmt so schnell wie möglich zu Hause Ihre Kochtöpfe hervorholen.

Gewürze

Die phantasievolle Verwendung von Gewürzen ist typisch für die indische Küche, weshalb Sie die wichtigsten vorrätig haben sollten. Qualität ist hierbei ganz wesentlich, kaufen Sie daher bei einem Händler ein, der seine Ware schnell absetzt, denn Gewürze verlieren mit der Zeit ihren Geschmack (gemahlene schon nach einigen Monaten) und schale Gewürze können ein Gericht verderben. Am besten kaufen Sie Gewürze im Ganzen ein und mahlen Sie selbst nach Bedarf. Manche müssen zuerst in einer Pfanne trocken angeröstet werden, um ihr Aroma freizusetzen, andere können so verwendet werden.

Lagern Sie Ihre Gewürze vor allem gut! Bewahren Sie sie in fest verschlossenen Behältern an einem kühlen, dunklen Platz und vor allem nicht zu lange auf. Werfen Sie sehr alte Gewürze lieber weg und kaufen Sie neue, man schmeckt den Unterschied.

AMCHOOR Ein hellgelbes Pulver aus getrockneten grünen Mangos mit herb-fruchtigem Geschmack und einer leicht süßlichen Note, das auch unter der Bezeichnung „getrocknetes Mangopulver" zu finden ist. Seine Säure bringt den Geschmack anderer Zutaten hervor. Gibt's in den meisten Asia-Läden, ersatzweise tut's auch ein Spritzer Zitronen- oder Limettensaft oder ein Schuss Tamarindenwasser.

ASANT gibt es in Brocken oder gemahlen im Asia-Laden. Das Pflanzenharz hat ein sehr strenges Aroma und wird nur in Kleinstmengen für einen feinen, knoblauchartigen Geschmack verwendet. In einem sehr gut verschlossenen Behälter aufbewahren.

BOCKSHORNKLEE Die winzigen, weichen, gelblichen Samen kommen in Pickles, Chutneys und vegetarische Gerichte.

CASSIA ist auch als Chinesischer Zimt bekannt, ist aber gröber und hat einen strengeren Geschmack. Die Rinde des Baums gibt es in Stücken oder gemahlen zu kaufen. Ersatzweise Zimt verwenden.

CHILI Ganze getrocknete rote Chilis sind feurig scharf, also mit Vorsicht verwenden. Meist werden sie in heißem Öl gedünstet, um ihr Aroma zu intensivieren. Getrocknete Chiliflocken sind in der Regel milder. Chilipulver aus getrockneten Chilis sind unterschiedlich scharf und oft mit „scharf", „mittelscharf" und „mild" ausgezeichnet. Cayennepfeffer ist äußerst scharf, Paprikapulver hat einen milden, leicht süßlichen, rauchigen Geschmack.

CURRYBLÄTTER Die länglichen dunkelgrünen Blätter haben einen ganz eigenen „Curry"-Geschmack. Es gibt sie frisch in Asia-Läden (so lassen sie sich gut einfrieren). Getrocknet sind sie auch erhältlich, im Aroma aber nicht ganz so gut. Sie werden meist erst gedünstet, um ihren Geschmack freizusetzen.

CURRYPULVER UND -PASTEN Diese küchenfertigen Produkte sind eine Erfindung des Westens, aber nichtsdestotrotz ein nützlicher Bestandteil des indischen Vorratsregals. Es gibt sie in vielen verschiedenen Zusammensetzungen, meist „mild", „mittelscharf" und „scharf" und in spezielleren Mischungen wie „Madras-Currypulver" oder „Tandoori-Gewürzmix".

FENCHELSAMEN Die kleinen, grün-bräunlichen Samen haben einen feinen Anisgeschmack. Sie kommen in manche Gerichte und werden oft nach dem Essen gereicht, um die Verdauung anzuregen und den Atem zu erfrischen.

GARAM MASALA Jeder indische Haushalt hat seine eigene Variante dieser Gewürzmischung. Eine klassische Mischung enthält Kardamom, Nelken, Kreuzkümmel, Pfefferkörner, Zimt und Muskatnuss. Sie können sich Ihre eigene zu Hause zusammenstellen, aber in Supermärkten und Asia-Läden sind sehr gute fertige Mischungen erhältlich.

GELBWURZ Diese orange-gelbe Wurzel, auch Kurkuma genannt, hat einen warmen, moschusartigen Geschmack und kommt in kleinen Mengen an Gemüse- und Linsengerichte. Frisch ist Gelbwurz manchmal in Asia-Läden zu finden, einfacher ist es, das fertig gemahlene Gewürz zu kaufen. Die im Ganzen getrocknete Wurzel gibt es manchmal auch, sie ist aber äußerst schwer selbst zu mahlen.

KARDAMOM duftet nach Ingwer, Zitrus und ein wenig nach Eukalyptus und kommt an viele süße und herzhafte Speisen. Die Kapseln können im Ganzen Reis beigemischt werden. Wenn man sie öffnet, erhält man die grünen, weißen oder schwarzen Samen. Gemahlen werden sie Gewürzmischungen beigefügt und sind ein wichtiger Bestandteil von Garam Masala. Die ganzen Samen werden oft für einen frischen Atem gekaut. Die weißen Kapseln sind gebleichte grüne und haben einen milderen Geschmack. Die schwarzen kommen nur an herzhafte Gerichte, sie stammen von einer verwandten Pflanze und haben weniger Aroma.

KORIANDERSAMEN Die hellbraunen Körner der Korianderpflanze haben ein warmes, an verbrannte Orange erinnerndes Aroma und werden ganz oder gemahlen verwendet. Körner zum Selbstmahlen zuerst trocken anrösten.

KREUZKÜMMEL ist in der indischen Küche allgegenwärtig. Die schmalen, länglichen braunen Körner sind ganz oder gemahlen erhältlich. Sie haben eine unverwechselbare warme, pikante Note und werden meist erst geröstet, um ihr Aroma freizusetzen. Ganze Körner geröstet vor dem Servieren über ein Gericht streuen. Körner zum Selbstmahlen zuerst trocken anrösten.

MUSKATBLÜTE ist die Spitze der Muskatnuss und wird üblicherweise gemahlen. Sie ähnelt im Geschmack der Muskatnuss.

MUSKATNUSS kommt im Ganzen mit süßlich, warmem Aroma als runde „Nuss“ daher. Gemahlene Muskatnuss ist zwar überall erhältlich, verliert aber schnell an Aroma, daher besser ganze Muskatnüsse kaufen und auf der feinsten Scheibe selbst reiben.

NELKEN Die dunkelbraunen Knospen eines immergrünen Baumes haben einen strengen, stechenden Geschmack und werden in kleinen Mengen im Ganzen oder gemahlen verwendet. Ganze Nelken nicht verzehren.

PFEFFERKÖRNER Die kleinen, pikant-scharfen Beeren, die ursprünglich von der Malabar-Küste stammen, können im Ganzen, zerdrückt oder frisch gemahlen verwendet werden. Keine bereits gemahlenen Körner kaufen, da sie nicht so frisch und intensiv schmecken.

SAFRAN Die dunkelorangefarbenen, aus einem speziellen Krokus gewonnenen Fäden verleihen Reisgerichten und Desserts ein wundervolles moschusartiges Aroma. Eines der teuersten Gewürze, doch man benötigt nur sehr wenig und es lohnt sich. Kaufen Sie besser kein Pulver: der Geschmack ist nicht so gut und es könnte gestreckt worden sein.

SCHWARZKÜMMEL ist auch als *Nigella* oder *Kalonji* bekannt. Die kleinen scharfen Samen werden meist für Brote und Pickles verwendet. Wegen ihres strengen Geschmacks vorsichtig dosieren.

SENFKÖRNER sind ein wichtiger Bestandteil der indischen Küche, vor allem für Dhals, vegetarische und Reisgerichte. Die schwarzen, braunen oder gelben Körner werden meist geröstet, bis sie aufplatzen,

um ihren milden, nussigen Geschmack freizusetzen. Die zerstoßenen, sehr scharfen Körner werden manchmal Pickles beigemischt.

TAMARINDE hat eine scharfe, fruchtige Note und bringt den Geschmack anderer Zutaten heraus. Sie wird aus einer Kapsel gewonnen und gewöhnlich wird entweder das breiige Fruchtfleisch selbst oder das Erzeugnis in Pasten- oder Püreeform angeboten. Den Brei mehrere Stunden in heißem Wasser einweichen und dann abseihen, Paste oder Püree direkt in heißem Wasser auflösen.

URAD DHAL ist eigentlich eine Bohnenart, wird in der südindischen Küche aber als Gewürz verwendet. Zuerst anbraten, um das nussige Aroma freizusetzen.

ZIMT Dieses süße, wärmende Gewürz findet bei süßen und herzhaften Gerichten Verwendung. Es wird aus der Borke eines mit der Lorbeerfamilie verwandten Baumes gewonnen und ist in Stangen aus gerollter Borke oder gemahlen erhältlich. Zimtstangen nicht mitessen.

Frische Gewürze und Aromen

Neben den getrockneten Gewürzen, die in einen indischen Vorratsschrank gehören, gibt es auch einige „feuchte" Gewürze und Aromen, die sich in der Gemüseabteilung von Supermärkten und Asia-Läden finden lassen. Kaufen Sie immer unbeschädigte, frische und knackige Produkte.

CHILIS Durch frische grüne und rote Chilis erhalten viele indische Gerichte Geschmack und Schärfe, auch wenn sie wohlgemerkt nicht in alle Speisen kommen, viele Gerichte können auch mild gewürzt sein. Wenn Sie nicht an scharfes Essen gewöhnt sind, können Sie die Menge an Chilis reduzieren, um das Essen milder zu machen. Grüne Chilis werden häufiger verwendet, aber auch die reiferen roten spielen oft eine wichtige Rolle. Die meiste Schärfe steckt in Kernen und Scheidewänden. Außer für ein feurig-scharfes Essen sollten Sie die Chilis also aufschneiden und gründlich putzen, bevor Sie das Fruchtfleisch zerkleinern. Wenn Sie Chilis geschnitten haben, immer sofort die Hände gründlich mit Seife waschen und vorher Augen, Nase, Mund und empfindliche Hautstellen nicht berühren, da dies sehr schmerzhaft wäre.

INGWER Frischer Ingwer ist ein anderer unverzichtbarer Geschmacksgeber für viele herzhafte und süße Speisen. Er hat einen frischen, pfeffrigen Zitrusgeschmack. Getrockneter Ingwer ist kein Ersatz. Kaufen Sie Ingwerwurzeln mit einer weichen, hellbraunen Schale und schälen Sie sie vor der Verwendung. Im Kühlschrank hält sich frischer Ingwer bis zu zwei Wochen.

KNOBLAUCH ist unersetzlich in der indischen Küche und bildet zusammen mit Ingwer und Zwiebeln die Basis für viele klassische Gewürze. Es gibt keinen Ersatz für den Geschmack von frischem Knoblauch, der meist in Scheiben geschnitten, gepresst oder gerieben und dann angedünstet wird, bevor andere Gewürze dazukommen. Zu einer Paste gerieben hält er sich in einem luftdichten Behälter im Kühlschrank bis zu fünf Tage.

SCHALOTTEN sind klein und intensiv schmeckend, gehören zur Zwiebelfamilie und werden vor allem in der süd- und südwestindischen Küche wie diese verwendet. Zum Schälen am besten erst halbieren und dann die äußere Haut entfernen.

ZWIEBELN werden gewöhnlich als Gemüse eingestuft, sind aber doch ein so wichtiges Würzmittel in der original indischen Küche, dass sie einen Platz auf der Liste der frischen Gewürze und Aromen verdienen. Viele verschiedene Sorten, wie süße gelbe Zwiebeln, milde rote und Frühlingszwiebeln, werden für unterschiedliche Zwecke verwendet. In einem Drahtkorb oder einer Schüssel in der Küche bei Raumtemperatur aufbewahren.

Kräuter

Frische Kräuter sind nicht ganz so wichtig wie Gewürze in der indischen Küche, aber dennoch ein wesentlicher Bestandteil, und verleihen vielen Gerichten eine klare, frische Note. Sie werden meist am Ende der Kochzeit hinzugefügt oder über das fertige Gericht gestreut.

DILL, in Indien *Suva* genannt, mit seinem typischen Anisduft wird traditionell für Linsengerichte verwendet, passt aber auch gut zu Reis. Hält sich in feuchtes Papier eingewickelt im Kühlschrank bis zu einer Woche.

KORIANDER ist frisch eine wichtige Zutat für viele Salate, Chutneys und herzhafte Gerichte, denen er in der Regel kurz vor dem Servieren beigemischt wird. Die feinen Blättchen haben ein ganz eigenes, stark duftendes Aroma.

LORBEERBLÄTTER werden im Ganzen gelegentlich für Currys verwendet, getrocknet und gemahlen kommen sie manchmal in Garam Masala. In Indien werden sie *Tej patta* genannt und meist getrocknet verkauft.

MINZE Frische Minze mit Zitrusnote wird gern an viele Gerichte und Chutneys getan. Oft wird sie zwar getrocknet angeboten, schmeckt so aber weniger intensiv.

Der Vorratsschrank

Um stressfrei zu kochen, brauchen Sie unbedingt einen immer gut gefüllten Vorratsschrank. Decken Sie sich im Asia-Laden und bei Gemüsehändlern mit indischen Zutaten ein, um immer einen Ersatz für eine Zutat zu Hause zu haben.

ERBSEN, BOHNEN UND LINSEN Ein Teller nahrhafter Dhal ist das Grundnahrungsmittel der meisten Inder und ein guter Vorrat an Hülsenfrüchten in der indischen Küche unverzichtbar. Getrocknete Linsen, Schälerbsen und hellgrüne Mungobohnen müssen nicht eingeweicht werden und benötigen keine lange Kochzeit. Kichererbsen, Schwarzaugen- und Kidneybohnen hingegen müssen lange eingeweicht und gekocht werden, bis sie weich sind. Um Zeit zu sparen, kaufen Sie sie also besser in Dosen. Dabei lieber in Wasser statt in Lake eingelegte Bohnen wählen (vor der Verwendung immer abspülen).

GEMAHLENER REIS ist von Reismehl zu unterscheiden und wird für Desserts gebraucht. Meist benötigt man nur kleine Mengen, daher können Sie ihn selbst mit einer Kaffeemühle herstellen.

GRAM Das auch als *Besan* bekannte goldbraune Mehl aus gemahlenen Kichererbsen hat einen lieblichen, leicht nussigen Geschmack und wird oft zum Andicken und Binden sowie für Teig verwendet.

GRIES Grobkörnigen Gries (*Sooji* oder *Rava*) bekommt man im Asia-Laden. Er wird manchmal trocken geröstet und für das südwestindische Gericht *Uppama* verwendet, eine Art würziger Gemüsepilaf und ein traditionelles Frühstücksgericht. Keinen feinkörnigen Gries nehmen, wie er für Pudding oder Süßes gebraucht wird, das Ergebnis wäre ein klebriger Brei.

KOKOSNUSS verleiht in Form von Kokosmilch und -creme herzhaften Gerichten einen vollen, süßen Geschmack und eine sahnig-cremige Konsistenz. Man kann zwar selbst Kokosmilch aus frischer Kokosnuss machen, kauft sie aber einfacher fertig in

Dosen. Geraspelte Kokosnuss wird auch oft verwendet und gibt's natur oder gesüßt in Päckchen.

NÜSSE UND SAMEN Gemahlene Mandeln und Cashewnüsse sind eine beliebte Zutat für herzhafte Gerichte, hellgrüne Pistazien für Desserts. Mit Mohn, der in der Regel geröstet wird, um sein Aroma zu intensivieren, werden Currys verfeinert. Weißer Mohn dient hauptsächlich zum Andicken von Currys. Wenn Sie auf Mohn aus dem Vorratsschrank zurückgreifen, können Sie ihn immer trocken anrösten, um sein Aroma freizusetzen.

ÖLE Eigentlich ist *Ghee* (geklärte Butter) das traditionelle Fett, doch die Rezepte in diesem Buch verwenden gesünderes Sonnenblumen- und Olivenöl. Diese Öle haben ein mildes Aroma und beeinflussen somit nicht den feinen Geschmack der Gerichte.

REIS Am allerbesten serviert man zu indischem Essen Basmatireis. Er ist zwar etwas teurer als Langkornreis, duftet aber wundervoll und bekommt eine recht lockere Konsistenz, wenn er gekocht wird. Er wird besser, wenn Sie ihn vor der Zubereitung abspülen oder in kaltem Wasser einweichen.

REISMEHL wird für süße und herzhafte Gerichte gebraucht, wie für *Dosas*, südindische Pfannkuchen, und *Idlis*, feine gedämpfte Küchlein.

ROSENWASSER Mit dem delikaten, duftenden Blumextrakt werden Desserts und Süßigkeiten aromatisiert. Es ist in den meisten Supermärkten und in Asia- oder arabischen Läden erhältlich. Rosenblüten dienen manchmal als Garnitur.

SÜßUNGSMITTEL Indische Desserts und Getränke sind oft sehr süß, aber auch bei vielen herzhaften Speisen werden scharfe Geschmacksnoten durch etwas Süße ausgeglichen. Jagrezucker, eine Art roher, klumpiger Rohrzucker, der als Block oder in Formen gegossen verkauft wird, ist der klassische indische Zucker, aber für die Rezepte hier werden auch andere Süßungsmittel wie Palmzucker oder Honig verwendet. Jagre- und Palmzucker gibt's im Asia-Laden, ersatzweise tut's brauner Zucker.

Frische Zutaten

Die Rezepte nutzen die ganze Bandbreite an erhältlichen frischen Zutaten, von knackigem Obst und Gemüse über Fisch, Geflügel, Fleisch und Milchprodukte. Alle Zutaten sollten leicht zu bekommen sein, versuchen Sie es im nächsten Asia-Markt, wenn Sie in einem normalen Supermarkt nicht fündig werden.

FRÜCHTE kommen oft in Süßspeisen, aber manchmal auch in herzhafte Gerichte. Durch Zitronen- und Limettensaft wird oft der Geschmack anderer Zutaten entfaltet. Grüne Mangos mit ihrem knackigen, herzhaften Fruchtfleisch werden eher als Gemüse eingesetzt. Getrocknete Früchte wie Datteln, Aprikosen und Sultaninen werden für Desserts aber auch für scharfe, säuerliche Chutneys und Relishes gebraucht.

GEMÜSE Die meisten Sorten, die in den Rezepten vorkommen, sind klassische indische Zutaten wie Auberginen, Okras, Blumenkohl, Spinat, Erbsen und Tomaten. Andere, wie etwa die

japanischen Shiitake-Pilze, verleihen den klassischen Rezepten einen modernen Touch.

KOKOSNUSS Geriebenes Fruchtfleisch von frischen Kokosnüssen wird in vielen Rezepten verwendet. Hier einige Tipps zur Vorbereitung: Am einfachsten öffnet man die Nussschale mit einem Hammer, oder indem man die Nuss in einer Plastiktüte fest auf einen Betonboden schlägt. Das Fruchtfleisch dann aus der Schale brechen, die braune Haut mit einem Sparschäler lösen und das Fruchtfleisch reiben. Ersatzweise geraspelte Kokosnuss 5–10 Min. in heißem Wasser einweichen und dann abtropfen lassen.

MILCHPRODUKTE werden nicht so häufig verwendet wie in der westlichen Küche, aber es gibt einige unverzichtbare Zutaten. Joghurt macht Currys cremig, ist die Basis für Marinaden und Dips und wird manchmal als Beilage serviert. Weil er so kühl ist, passt er gut zu scharfen, mit Chilis gewürzten Gerichten. Paneer, der frische indische Käse, wird aus mit Zitronensaft erhitzter, geronnener Kuhmilch gemacht. Milch kommt oft in Getränke und Desserts. Hier werden stets fettarme Milch und Joghurt verwendet.

Ausstattung

Für die Zubereitung der Rezepte in diesem Buch benötigen Sie nur eine sehr kleine Grundausstattung.

DIE ÜBLICHEN SCHNEIDEBRETTER UND MESSER werden gebraucht, um Zutaten vorzubereiten. Verwenden Sie für Fisch, Geflügel und Fleisch ein Plastikbrett, weil es hygienischer und einfacher zu reinigen ist.

MÖRSER UND STÖßEL sind unabdingbar für das Mahlen von Gewürzen. Mit elektrischen Gewürzmühlen, die mittlerweile günstig zu bekommen sind, geht die Arbeit natürlich schneller.

EINE BESCHICHTETE PFANNE ist unersetzlich, um mit wenig Fett zu braten und Gewürze trocken zu rösten. Sie kann auch anstelle der traditionellen *Tava* verwendet werden, der leicht gewölbten, gusseisernen Griddle-Pfanne, mit der Fladenbrot zubereitet wird.

EIN TOPF MIT SCHWEREM BODEN und gut passendem Deckel wird für perfekten lockeren Basmatireis unbedingt gebraucht.

EIN CHINESISCHER WOK mit Deckel kann aufgrund seiner vielfältig einsetzbaren Form – ähnlich der des traditionellen indischen *Karahi* – für gesundes Pfannenrühren, Dämpfen und Schmoren verwendet werden.

Vorspeisen und Snacks

Aloo Chat

Ein beliebter Snack aus Nordindien. Das pikante Kartoffelgericht wird normalerweise kalt gegessen und hat einen frischen, würzigen Geschmack. Die Granatapfelkerne sehen schön aus und verleihen dem Snack ein angenehmes, süßlich-feines Aroma.

ZUTATEN 750 g Kartoffeln, geschält und in 1 cm große Würfel geschnitten ‖ 3 EL gehackte Korianderblätter ‖ 2 EL gehackte Minzeblätter ‖ 1 grüne Chili, entkernt und fein gehackt ‖ ½ TL Chilipulver Saft von 1 Zitrone ‖ 100 ml Wasser ‖ 1 rote Zwiebel, sehr fein gehackt ‖ Salz ‖ Granatapfelkerne zum Garnieren

EINS Die Kartoffeln in einem großen Topf mit leicht gesalzenem Wasser ca. 8–10 Min. kochen, bis sie gerade weich sind. Abtropfen und gut abkühlen lassen und auf einen großen, flachen Servierteller geben. **ZWEI** Koriander- und Minzeblätter, grüne Chili, Chilipulver und Zitronensaft in ein kleines Gefäß der Küchenmaschine geben, Wasser hinzufügen und mixen, bis die Mischung eine recht glatte Konsistenz hat. Mischung über die Kartoffeln gießen und die Zwiebel unterrühren. Abschmecken und gut vermischen. Kalt oder bei Raumtemperatur servieren und mit Granatapfelkernen garnieren.

Ergibt 4 Portionen

NÄHRWERTE JE PORTION 636 kJ – 150 kcal – 5 g Protein – 34 g Kohlenhydrate – 3 g Zucker – 1 g Fett – 0 g gesättigte Fettsäuren – 3 g Ballaststoffe – 21 mg Natrium

GESUNDHEITSTIPP Eine kleine Schale dieser schmackhaften, würzigen Kartoffeln ist wesentlich gesünder als ein Beutel Chips oder einige Kekse. Sie schmecken köstlich, enthalten wenig Fett und sind eine gute Quelle für langsam freigesetzte Energie.

Gemüse-Samosas zählen zu den klassischen indischen Snacks. Oft werden sie an belebten Straßenecken oder Bahnhöfen zubereitet und verkauft oder im Zug auf großen Tabletts hungrigen Reisenden angeboten. In Westindien werden sie als Vorspeise serviert. Dazu schmeckt ein leichtes, duftendes Chutney.

ZUTATEN **1 EL Sonnenblumenöl ‖ 1 EL mittelscharfes Currypulver ‖ 1 TL Amchoor (Pulver aus getrockneten Mangos) ‖ 400 g gekochte und grob zerstampfte Kartoffeln ‖ 100 g frische Erbsen ‖ 3 EL fein gehackte Korianderblätter ‖ Salz ‖ 3 große Blätter frischer Filo-Teig, jedes ca. 30 x 20 cm ‖ leichtes Olivenöl zum Bepinseln**

EINS Sonnenblumenöl in einer großen beschichteten Pfanne erhitzen und Curry und Mangopulver hineingeben. 10–15 Sek. pfannenrühren, dann Kartoffeln und Erbsen hinzufügen. 3–4 Min. unter Rühren dünsten, vom Herd nehmen, Koriander unterrühren, abschmecken und zum Abkühlen beiseite stellen. **ZWEI** Ein großes Backblech mit Antihaft-Backpapier auslegen. **DREI** Die Filo-Blätter zügig aufeinander und dann flach auf einer Arbeitsfläche auslegen. Jedes Blatt quer halbieren und dann jede Hälfte nochmals in 3 Teile schneiden, so dass jedes Filo-Blatt 6 Streifen ergibt. Streifen auf eine saubere Arbeitsfläche legen und jeden mit etwas Olivenöl bepinseln. 1 TL Füllung auf das untere Ende eines Streifens geben und den Teig diagonal um die Füllung herum zu einem Dreieck einschlagen. Teig zusammendrücken und Streifen bis zum Ende einschlagen, so dass die Füllung vollständig eingeschlossen ist und die Pastetchen eine dreieckige Form haben. So mit allen Streifen verfahren und 18 Samosas herstellen. Auf das Backblech legen und ca. 15–20 Min. im vorgeheizten Ofen bei 190 °C (Gas Stufe 5) backen, bis sie knusprig und goldbraun sind. Aus dem Ofen nehmen und sofort mit Tomatensauce oder Koriander-Minze-Kokos-Chutney *(Seite 129)* servieren.

Ergibt 18 Stück

NÄHRWERTE JE SAMOSA 199 kJ – 47 kcal – 1 g Protein – 8 g Kohlenhydrate – 1 g Zucker – 1 g Fett – 0,2 g gesättigte Fettsäuren – 1 g Ballaststoffe – 29 mg Natrium

GESUNDHEITSTIPP Samosas werden normalerweise frittiert. Hier werden sie lediglich mit etwas Olivenöl bepinselt und im Ofen knusprig und goldbraun gebacken. So schmecken sie köstlich, sind aber wesentlich gesünder als die frittierte Variante.

Lammbällchen mit Minze

Die kleinen, würzigen Fleischbällchen mit frischen Kräutern sind ein toller Snack zum Aperitif. Sie sind bei Einladungen äußerst praktisch, weil sie im Voraus zubereitet und in letzter Minute in den Ofen geschoben werden können. Mit Tamarinden-Pfeffer-Chutney *(Seite 125)* als Dip servieren.

ZUTATEN **1 EL Kichererbsenmehl (Besan oder Gram) ‖ 625 g fein gehacktes Lammfleisch ‖ 5 EL fein gehackte Minzeblätter ‖ 3 EL fein gehackte Korianderblätter ‖ 2 grüne Chilis, entkernt und fein gehackt ‖ 2 TL gemahlener Kreuzkümmel ‖ 1 TL gemahlener Koriander ‖ Salz und frisch gemahlener schwarzer Pfeffer ‖ 1/2 kleines Ei, leicht geschlagen ‖ Sonnenblumenöl zum Bepinseln**

EINS Kichererbsenmehl, Lammfleisch, Minze- und Korianderblätter, grüne Chilis und die Gewürze in eine Schüssel geben. Abschmecken, das Ei hinzufügen und mit den Händen gut vermischen. Abdecken und 2–3 Std., wenn möglich über Nacht, ziehen lassen. **ZWEI** Ein großes Backblech mit Antihaft-Backpapier auslegen. Lammfleischmischung zu 12 Bällchen formen. Leicht flachdrücken und auf das Backblech legen. Mit etwas Öl bestreichen und im vorgeheizten Ofen bei 190 °C (Gas Stufe 5) in ca. 12–15 Min. gar braten. Aus dem Ofen nehmen und sofort als Snack zu einem Aperitif servieren.

Ergibt 4 Portionen

NÄHRWERTE JE PORTION 1285 kJ – 307 kcal – 36 g Protein – 3 g Kohlenhydrate – 0 g Zucker – 17 g Fett – 7 g gesättigte Fettsäuren – 1 g Ballaststoffe – 158 mg Natrium

GESUNDHEITSTIPP Lamm ist ein recht fetthaltiges Fleisch, daher sollten Sie gehacktes Lammfleisch mit einem geringen Fettanteil verwenden oder aber ein fettarmes Teilstück wählen und es dann selbst hacken (oder den Metzger bitten, es für Sie zu tun).

Kalte Joghurt-Gurken-Suppe mit Minze

– ein sanfter Auftakt für eine würzige indische Mahlzeit. Die erfrischende Suppe ist gewürzt mit Kreuzkümmel und Chili und hat einen dezent scharfen, pikanten Geschmack. Durch die Zugabe von fein gehackten frischen Gurken und Tomaten bekommt sie etwas Biss.

ZUTATEN 750 ml fettarmer Naturjoghurt, zusätzlich etwas zum Beträufeln ‖ 750 ml frische Gemüsebrühe ‖ ½ TL fein geriebener frischer Ingwer ‖ ½ TL gemahlener Kreuzkümmel ‖ ¼ TL Chilipulver ‖ 1 kleine Salatgurke ‖ 2 Roma-Tomaten ‖ 4 EL fein gehackte Minzeblätter ‖ Salz und frisch gemahlener schwarzer Pfeffer ‖ Kreuzkümmelsamen zum Bestreuen

EINS Joghurt, Brühe, Ingwer, Kümmel und Chilipulver in die Küchenmaschine geben, glatt mixen und in eine Schüssel füllen. **ZWEI** Gurke fein würfeln, Tomaten entkernen, fein würfeln und zusammen mit der Minze zur Joghurtmischung geben. Gut abschmecken und vermischen. Abdecken und vor dem Servieren 30 Min. in den Kühlschrank stellen. Etwas Joghurt darüber träufeln und einige geröstete Kreuzkümmelsamen darüber streuen.

Ergibt 4 Portionen

NÄHRWERTE JE PORTION 478 kJ – 113 kcal – 10 g Protein – 15 g Kohlenhydrate 15 g Zucker – 2 g Fett – 1 g gesättigte Fettsäuren – 1 g Ballaststoffe – 363 mg Natrium

GESUNDHEITSTIPP Magerjoghurt hat einen wunderbaren Geschmack und eine tolle Konsistenz, weshalb er sich für ein Gericht wie dieses anbietet. Wählen Sie einen Joghurt mit Lebendkulturen, der gesunde Bakterien enthält, die zu einer Verbesserung der Verdauung beitragen können.

Grüne Hähnchenspieße

Diese verlockend duftenden, köstlichen Spieße enthalten nur sehr wenig Fett und ergeben zusammen mit einem knackigen Gurken-Zwiebel-Salat ein leichtes Mittag- oder Abendessen.

ZUTATEN 100 ml fettarmer Naturjoghurt ‖ 2 Knoblauchzehen, gepresst ‖ 2 TL fein geriebener frischer Ingwer ‖ 2 TL gemahlener Kreuzkümmel ‖ 1 TL gemahlener Koriander ‖ 1 grüne Chili, fein gehackt ‖ 1 große Hand voll frisch gehackte Korianderblätter ‖ 1 kleine Hand voll gehackte Minzeblätter ‖ Saft von 2 Limetten ‖ Meersalz ‖ 4 Hähnchenbrüstchen, ohne Haut und Knochen ‖ Limettenhälften zum Servieren

EINS Joghurt, Knoblauch, Ingwer, Kreuzkümmel, Koriander, Chili, Kräuter und Limettensaft mit dem Mixer zu einer glatten Mischung verrühren. Leicht salzen. **ZWEI** Fleisch in mundgerechte Stücke schneiden und in eine große Schüssel füllen. Gewürzmischung darüber geben und gut mischen, damit das Fleisch gleichmäßig überzogen wird. Mit Frischhaltefolie abdecken und im Kühlschrank 4–6 Std., wenn möglich über Nacht, marinieren. **DREI** Den Grill auf mittlerer Stufe vorheizen und die Fleischstücke auf 8 eingeweichte Bambusspieße stecken. 8–10 Min. unter dem vorgeheizten Grill garen, bis sie durch und leicht gebräunt sind. Dabei regelmäßig wenden. Herausnehmen und sofort mit einem Gurken-Zwiebel-Salat servieren. Dazu Limettenhälften zum Beträufeln reichen.

Ergibt 4 Portionen

NÄHRWERTE JE PORTION 737 kJ – 175 kcal – 30 g Protein – 3 g Kohlenhydrate – 2 g Zucker – 5 g Fett – 1 g gesättigte Fettsäuren – 0 g Ballaststoffe – 118 mg Natrium

GESUNDHEITSTIPP Das meiste Fett sitzt bei Hähnchen in oder direkt unter der Haut, weshalb Hähnchenbrüstchen ohne Haut eindeutig die gesündere Variante sind. Indem man das Fleisch mariniert, bleibt es auch nach dem Garen saftig, obwohl es wenig Fett enthält.

Dip aus geräucherten Auberginen

Das schmelzend zarte Fruchtfleisch der Aubergine bekommt ein Räucheraroma, wenn man es vor dem Backen etwas anschmort. Durch die Zugabe von scharfen Chilis, aromatischem Knoblauch und duftendem Koriander entsteht ein köstlicher Dip für einen Aperitif.

ZUTATEN 1 große, feste Aubergine ‖ 1 Schalotte, fein gehackt ‖ 1 Knoblauchzehe, gepresst ‖ 1 grüne Chili, fein gehackt ‖ 4 EL gehackte Korianderblätter ‖ 1 Roma-Tomate, fein gewürfelt ‖ 150 ml fettarmer Naturjoghurt ‖ Salz ‖ knusprige Poppadums (Linsenmehlfladen) oder gegrilltes Fladenbrot zum Dippen

EINS Aubergine mit einer langen Zange unter Wenden solange über eine offene Flamme halten (über dem Gasherd oder unter dem Grill), bis die Schale Blasen wirft und etwas angekohlt ist. Auf einem Backblech im vorgeheizten Ofen bei 200 °C (Gas Stufe 6) ca. 20–30 Min. backen, bis die Aubergine weich ist. **ZWEI** Herausnehmen und die Schale über einer Schüssel vorsichtig abziehen, austretenden Saft dabei auffangen. Übriges Fruchtfleisch grob zerteilen und zusammen mit dem Saft in einer Küchenmaschine zu einer recht feinen Paste mixen. In eine Schüssel füllen und Schalotte, Knoblauch, Chili, Koriander, Tomate und Joghurt unterrühren. Gut abschmecken, kühl stellen und 3–4 Std. ziehen lassen. Mit Poppadums oder Fladenbrot servieren.

Ergibt 4 Portionen

NÄHRWERTE JE PORTION 176 kJ – 42 kcal – 3 g Protein – 6 g Kohlenhydrate – 6 g Zucker – 1 g Fett – 0 g gesättigte Fettsäuren – 2 g Ballaststoffe – 36 mg Natrium

GESUNDHEITSTIPP Dips enthalten oft viel Fett, doch wenn man Magerjoghurt als Basis verwendet, erhält man einen gesunden Snack. Wenn Sie den Fettanteil an Ihrer Ernährung reduzieren wollen, servieren Sie den Dipp besser mit gegrilltem Fladenbrot statt mit frittierten knusprigen Poppadums.

Rote-Bete-Salat mit Koriander

Allein schon die Farben machen diesen erfrischenden, intensiv schmeckenden Salat unwiderstehlich – eine wunderbare Beilage zu jedem Gericht.

ZUTATEN 4 große Rote-Bete-Knollen, gekocht ‖ 2 TL Kreuzkümmelsamen ‖ 1 TL Schwarzkümmel ‖ 1 TL Koriandersamen ‖ 1/4 TL mildes Chilipulver ‖ 2 EL halbfette Kokosmilch ‖ 200 ml fettarmer Naturjoghurt ‖ 1 Hand voll Korianderblätter ‖ 2 EL geröstete Kürbiskerne ‖ Meersalz

EINS Rote Bete schälen, in mundgerechte Stücke schneiden und in eine große Schüssel geben. **ZWEI** Eine Pfanne bei mittlerer Temperatur auf den Herd stellen, dann Kreuz- und Schwarzkümmel und Koriandersamen hineingeben. Gewürze 2–3 Min. rösten, bis sie anfangen zu duften. In einem Mörser mit dem Stößel leicht zerdrücken. Zusammen mit Chilipulver, Kokosmilch und Joghurt in einer Schüssel gut verrühren. **DREI** Korianderblätter grob hacken und mit den Kürbiskernen zur Roten Bete geben. Dressing darüber träufeln, salzen und sofort servieren.

Ergibt 4 Portionen

NÄHRWERTE JE PORTION 394 kJ – 93 kcal – 5 g Protein – 13 g Kohlenhydrate – 11 g Zucker – 3 g Fett – 1 g gesättigte Fettsäuren – 3 g Ballaststoffe – 120 mg Natrium

GESUNDHEITSTIPP Rote Bete enthält viele Antioxidantien, wodurch sie das Immunsystem stärkt, Infektionen bekämpft und den Körper entgiftet. Zudem sind die Knollen eine gute Eisenquelle. In der traditionellen Kräuterkunde werden sie als Blut bildend empfohlen.

Gegrillte Maiskolben mit Chili und Limette

Wenn man Mais über Holzkohle grillt, bekommt er einen rauchigen Geschmack, zu dem die scharfe Chili und der saure Limettensaft einen Kontrast bilden. Direkt vom Grill heiß serviert sind die Kolben der perfekte Snack zu Drinks.

ZUTATEN 4 Maiskolben mit Blättern | 1 EL grobes Chilipulver | 1 EL Meersalz | 2 Limetten, halbiert

EINS Blätter von den Kolben entfernen und aufbewahren. **ZWEI** Chilipulver und Salz mischen und auf einen kleinen Teller oder eine Untertasse geben. **DREI** Maiskolben 4–5 Min. bei mittlerer Hitze auf einem Holzkohlegrill oder unter dem Ofengrill garen, bis der Kolben an manchen Stellen leicht angekohlt ist. Dabei wenden, so dass die Kolben rundum gar werden. Vom Grill oder aus dem Ofen nehmen. Eine Limettenhälfte in die Chilimischung tunken, auspressen und einen Maiskolben damit überziehen. Mit den restlichen Maiskolben, den Limetten und der Chilimischung ebenso verfahren. Maiskolben auf die Blätter legen und sofort verzehren.

Ergibt 4 Portionen

NÄHRWERTE JE PORTION 206 kJ – 49 kcal – 2 g Protein – 9 g Kohlenhydrate – 1 g Zucker – 1 g Fett – 0,1 g gesättigte Fettsäuren – 2 g Ballaststoffe – 1964 mg Natrium

GESUNDHEITSTIPP Dieser im Prinzip fettfreie Snack ist eine tolle Alternative zu gewürzten Nüssen oder stark fetthaltigen Knabbereien. Die Kolben sind recht salzig, deswegen sollten Sie vorsichtig sein, wenn Sie sich natriumarm ernähren wollen.

Tomaten-Gurken-Salat mit Keimlingen

Gemischte Keimlinge finden Sie in der Regel beim Gemüsehändler oder im Bioladen. Es gibt sie in verschiedenen Zusammenstellungen, z. B. mit Mungobohnen-, Roten-Linsen- oder Kichererbsenkeimlingen. Roh unter Salate gemischt geben sie dem Gericht eine knackige, erfrischende Note.

ZUTATEN 200 g Kirschtomaten, grob gehackt ‖ 625 g gemischte frische Bohnen- und Linsenkeimlinge ‖ 1 kleine rote Zwiebel, sehr fein gewürfelt ‖ 2 Salatgurken, in feine Scheiben geschnitten oder fein gehackt ‖ 1 EL leichtes Olivenöl ‖ Saft 1 Zitrone ‖ 1 TL geröstete Kreuzkümmelsamen ‖ 3 EL gehackte Minzeblätter ‖ 2 EL gehackte Korianderblätter ‖ Salz und frisch gemahlener schwarzer Pfeffer

EINS Tomaten in eine Schüssel füllen. Keimlinge abtropfen lassen und zusammen mit Zwiebel und Gurken zu den Tomaten geben. **ZWEI** Olivenöl, Zitronensaft und Kreuzkümmelsamen verrühren und über den Salat gießen. Vor dem Servieren gehackte Kräuter untermischen und gut abschmecken.

Ergibt 4 Portionen

NÄHRWERTE JE PORTION 405 kJ – 97 kcal – 6 g Protein – 10 g Kohlenhydrate – 7 g Zucker – 4 g Fett – 1 g gesättigte Fettsäuren – 10 g Ballaststoffe – 16 mg Natrium

GESUNDHEITSTIPP Linsen- und Bohnenkeimlinge stecken voller gesundheitsfördernder Mineralien und Vitamine. Außerdem scheint durch das Keimen der Nährstoffgehalt einiger Bohnen und Linsen zu steigen.

Paneer Kachumber

Bei diesem traditionellen Salat werden Zitrusaromen mit dem milden indischen Käse Paneer kombiniert. Paneer finden Sie in Asia-Läden, können ihn aber auch selbst zu Hause machen, indem Sie einfach Milch mit etwas Zitronensaft erhitzen und dann den Quark abschöpfen und auspressen.

ZUTATEN 500 g Paneer (indischer Kuhmilchkäse) | Sonnenblumenöl zum Bestreichen

KACHUMBER 2 Roma-Tomaten, entkernt und sehr fein gewürfelt | 100 g eingelegte, gegrillte rote Paprika, abgetropft und sehr fein gehackt | 1 Schalotte, geschält und sehr fein gewürfelt | 50 g Mungobohnen-Keimlinge | 4 EL sehr fein gehackte Salatgurke | 3 EL fein gehackte Korianderblätter | 1 TL fein geriebene Limettenschale | Saft von 2 Limetten | 1 EL Sonnenblumen- oder leichtes Olivenöl | 1 TL klarer Honig | Salz und Chilipulver zum Abschmecken | Korianderblätter zum Garnieren

EINS Paneer in mundgerechte Stücke schneiden. Mit etwas Öl bestreichen. Eine beschichtete Griddle-Pfanne auf hoher Stufe erhitzen und den Paneer portionsweise 1–2 Min. von allen Seiten anbraten. Auf 4 vorgewärmte Teller verteilen und warm halten. **ZWEI** Tomaten, Paprika, Schalotte, Mungobohnen-Keimlinge, Gurke und Koriander in eine kleine Schüssel geben. Limettenschale und -saft, Öl und Honig mischen und über die Gemüsemischung gießen. Abschmecken und gut vermengen. Kachumber über und um jede Portion gebratenen Paneer herum geben. Mit frischen Korianderblättern garnieren und warm oder bei Raumtemperatur servieren.

Ergibt 4 Portionen

NÄHRWERTE JE PORTION 694 kJ – 165 kcal – 17 g Protein – 8 g Kohlenhydrate – 8 g Zucker – 8 g Fett – 3 g gesättigte Fettsäuren – 2 g Ballaststoffe – 438 mg Natrium

GESUNDHEITSTIPP Paneer ist eine hervorragende Quelle für Kalzium, das für gesunde Knochen und Zähne wichtig ist. Er liefert auch viel Protein und ist deswegen eine nahrhafte Wahl für Vegetarier.

Geflügel

Würziges Hähnchen vom Grill

ist ein ideales schnelles Mittagessen unter der Woche. Rühren Sie morgens, bevor Sie zur Arbeit gehen, die Marinade an, legen Sie das Fleisch darin ein und stellen Sie es in den Kühlschrank. Wenn Sie nach Hause kommen, sind die Hähnchenbrüstchen fertig zum Grillen.

ZUTATEN 4 Hähnchenbrüstchen ohne Haut ‖ Saft von 1 Zitrone ‖ Meersalz

MARINADE 1 TL Amchoor (getrocknetes Mangopulver) ‖ 1 TL zerdrückte Bockshornkleesamen ‖ 1 TL Garam Masala ‖ 2 TL fein geriebener frischer Ingwer ‖ 2 TL fein geriebener Knoblauch ‖ 1 EL Chilipulver ‖ 1 TL gemahlener Kreuzkümmel ‖ 1 TL gemahlener Koriander ‖ 200 ml fettarmer Naturjoghurt ‖ Limettensaft zum Servieren

EINS Jede Hähnchenbrust 3- bis 4-mal diagonal einschneiden und in eine flache Schale aus Glas oder Porzellan legen. Zitronensaft darüber träufeln und salzen. Abdecken und beiseite stellen. **ZWEI** In der Zwischenzeit alle Marinadezutaten in eine Küchenmaschine geben und glatt mixen. Die Mischung über das Fleisch gießen, abdecken und im Kühlschrank 2–3 Std. marinieren. **DREI** Wenn Sie mit dem Kochen anfangen, Hähnchen aus der Marinade nehmen und auf ein Grillgitter legen. Unter dem auf mittlere Temperatur erhitzen Grill ca. 15 Min. garen (nach der halben Zeit wenden), bis sie durch und an den Rändern leicht angekohlt sind. Mit Limettenspalten zum Beträufeln garnieren und sofort mit einem knackigen Salat servieren.

Ergibt 4 Portionen

NÄHRWERTE JE PORTION 911 kJ – 216 kcal – 36 g Protein – 6 g Kohlenhydrate – 5 g Zucker – 6 g Fett – 2 g gesättigte Fettsäuren – 0 g Ballaststoffe – 175 mg Natrium

GESUNDHEITSTIPP Grillen ist eine äußerst gesunde Garmethode, da kein zusätzliches Fett benötigt wird. Durch die cremige Joghurtmarinade trocknet das Fleisch während des Grillens nicht aus.

Pfefferhähnchen nach südindischer Art

Dieses Curry wird mit Pfefferkörnern statt mit Chili gewürzt und bei der ganzen Familie auf Begeisterung stoßen. Durch frischen Ingwer und Knoblauch bekommt es ein wärmendes, würziges Aroma. Als Ergänzung zur cremigen Sauce schmeckt dazu am besten ein frischer Salat.

ZUTATEN 1 EL Sonnenblumenöl ‖ 1 Lorbeerblatt ‖ 4 Nelken ‖ ½ TL zerdrückte Kardamomsamen ‖ 2 TL zerdrückte schwarze Pfefferkörner ‖ 1 TL fein geriebener frischer Ingwer ‖ 2 TL fein geriebener Knoblauch ‖ 625 g Hähnchenbrüstchen ohne Haut und Knochen, in mundgerechte Stücke geschnitten ‖ 150 ml Wasser oder Hühnerbrühe ‖ ½ TL Gelbwurz ‖ 350 ml fettarmer Naturjoghurt ‖ Salz

EINS Öl in einer beschichteten Pfanne erhitzen und Lorbeerblatt, Nelken, Kardamomsamen und Pfefferkörner hineingeben. 30 Sek. pfannenrühren, dann Ingwer, Knoblauch und das Fleisch hinzufügen. 4–5 Min. bei mittlerer Temperatur pfannenrühren. Wasser oder Brühe und Gelbwurz dazugeben und abschmecken. **ZWEI** Aufkochen, abdecken, Temperatur herunterschalten und 10–12 Min. leicht köcheln lassen, bis das Fleisch zart und durch ist. Vom Herd nehmen, Joghurt darüber träufeln, halb unterrühren und servieren.

Ergibt 4 Portionen

NÄHRWERTE JE PORTION 1119 kJ – 266 kcal – 40 g Protein – 7 g Kohlenhydrate – 7 g Zucker – 9 g Fett – 2 g gesättigte Fettsäuren – 0 g Ballaststoffe – 190 mg Natrium

GESUNDHEITSTIPP Durch den fettarmen Joghurt wird das Gericht zwar schön cremig, hat aber lange nicht einen so hohen Fettgehalt, als wenn – wie oft bei indischen Currys – Sahne, gemahlene Mandeln oder Kokosnuss verwendet würden.

Grünes Hühnchen-Curry

Süß und würzig zugleich ist dieses Hühnchencurry in leckerer, cremiger Kokossauce und einfach unwiderstehlich. Jagre- und Palmzucker gibt es in Asia-Läden. Ersatzweise tut es auch brauner Zucker.

ZUTATEN 1 EL Sonnenblumenöl | 1 Zwiebel, fein gehackt | 3 Knoblauchzehen, fein gehackt | 2 TL fein geriebener frischer Ingwer | eine große Hand voll Korianderblätter, gehackt | 4 EL gehackte Minzeblätter | 1 grüne Chili, gehackt | 1/4 TL zerdrückte Kardamomsamen | 2 TL gemahlener Kreuzkümmel | 2 TL gemahlener Koriander | 1 TL Jagre- oder Palmzucker, gerieben | 400 ml halbfette Kokosmilch | 625 g Hähnchenschenkel ohne Haut und Knochen, in kleine Stücke geschnitten | 200 ml Wasser | Salz und frisch gemahlener schwarzer Pfeffer | Salatgurke in feinen Streifen zum Garnieren

EINS Öl in einer großen Pfanne oder im Wok erhitzen. Zwiebel hineingeben und bei mittlerer Hitze 5–6 Min. unter häufigem Umrühren andünsten. **ZWEI** Inzwischen Knoblauch, Ingwer, Koriander- und Minzeblätter, Chili, Kardamom, Kreuzkümmel, Koriander, Jagre- oder Palmzucker und Kokosmilch in der Küchenmaschine glatt mixen. **DREI** Fleisch zur Zwiebel geben und auf hoher Stufe unter häufigem Umrühren 4–5 Min. anbraten, bis die Poren geschlossen sind und das Fleisch leicht gebräunt ist. Kokosmischung und Wasser angießen. Gut abschmecken und aufkochen. Temperatur herunterschalten, abdecken und ca. 20–25 Min. leicht köcheln lassen, bis das Fleisch zart und durch ist. Mit Gurkenstreifen garnieren und sofort mit gedämpften Basmatireis servieren.

Ergibt 4 Portionen

NÄHRWERTE JE PORTION 1436 kJ – 344 kcal – 31 g Protein – 10 g Kohlenhydrate – 8 g Zucker 20 g Fett – 9 g gesättigte Fettsäuren – 1 g Ballaststoffe – 250 mg Natrium

GESUNDHEITSTIPP Kokosmilch enthält viel Fett, weshalb Sie sie nur in Maßen verwenden sollten, wenn Sie auf Ihren Fettverzehr achten. In diesem Rezept wird fettarme Kokosmilch verwendet, die es etwas gesünder macht.

Kheema aus Schweinefleisch mit Erbsen

Duftender Koriander, kräftiger Knoblauch und würzige Chilis harmonieren hervorragend mit dem milden Geschmack des Schweinefleischs. Dieses Kheema (Hackfleisch) in leckerer Tomatensauce ist ein schnell gemachtes, einfaches Abendessen unter der Woche. Dazu passt Fladenbrot oder Naturreis.

ZUTATEN 1 EL Sonneblumenöl ‖ 2 Knoblauchzehen, fein gehackt ‖ 2 grüne Chilis, entkernt und fein gehackt ‖ 1 TL gemahlener Koriander ‖ 500 g Schweinehackfleisch ‖ 400 g frische oder tiefgekühlte Erbsen ‖ 3 EL mittelscharfe Currypaste ‖ 3 EL Tomatenmark ‖ 2 Tomaten, fein gehackt ‖ 1 TL brauner Zucker ‖ 250 ml kochendes Wasser ‖ 2 EL fettarmer Naturjoghurt ‖ 1 große Hand voll gehackte Korianderblätter ‖ Salz

EINS Öl in einem großen beschichteten Wok oder einer Pfanne erhitzen. Knoblauch, Chilis, Koriander und Fleisch hineingeben. Auf hoher Stufe 4–5 Min. pfannenrühren, bis sich die Poren des Fleischs geschlossen haben und es leicht gebräunt ist. **ZWEI** Erbsen, Currypaste, Tomatenmark, gehackte Tomaten und Zucker untermischen. Unter Rühren 3–4 Min. dünsten, dann das Wasser angießen. Aufkochen, abdecken, Temperatur herunterschalten und ca. 8–10 Min. köcheln lassen, bis das Fleisch zart ist. Vom Herd nehmen, Joghurt und Korianderblätter unterrühren, abschmecken und mit Fladenbrot oder Naturreis servieren.

Ergibt 4 Portionen

NÄHRWERTE JE PORTION 1513 kJ – 362 kcal – 35 g Protein – 18 g Kohlenhydrate 10 g Zucker – 17 g Fett – 4 g gesättigte Fettsäuren – 8 g Ballaststoffe – 449 mg Natrium

GESUNDHEITSTIPP Tiefgekühlte Erbsen enthalten oft mehr Nährstoffe als frische. Sie werden umgehend nach dem Ernten und Schälen eingefroren, wodurch mehr Nährstoffe erhalten bleiben als bei frischen Erbsen, die erst oft Tage nach der Ernte verkauft werden, nachdem sie zunächst transportiert und zwischengelagert wurden.

Lamm in würziger Marinade

Mit diesen rundherum gewürzten Lammrippchen – zunächst werden sie im Ofen zart gebraten und dann in „Koteletts“ geschnitten – als Hauptgericht beeindrucken Sie bestimmt.

ZUTATEN **4 Lammkronen mit jeweils 3–4 Rippen ‖ 3 Knoblauchzehen, gepresst ‖ 2 TL fein geriebener frischer Ingwer ‖ 2 EL Weißweinessig ‖ 6 EL sehr fein gehackte Minzeblätter ‖ 2 TL gemahlener Kreuzkümmel ‖ 1 TL Chilipulver ‖ 150 ml fettarmer Naturjoghurt ‖ Salz**

EINS Lammstränge in einer Schicht in eine flache Schüssel aus Steingut legen. Knoblauch, Ingwer, Essig, Minze, Kreuzkümmel, Koriander, Chilipulver und Joghurt in eine Küchenmaschine geben und glatt mixen. Abschmecken und das Lamm mit der Mischung gleichmäßig überziehen. Abdecken und im Kühlschrank 3–4 Std., wenn möglich über Nacht, ziehen lassen. **ZWEI** Lamm auf ein beschichtetes Backblech legen und im vorgeheizten Backofen 20–25 Min. bei 200 °C (Gas Stufe 6) braten. Wenn Sie das Fleisch gut durch mögen, lassen Sie es etwas länger im Ofen. Herausnehmen, mit Folie abdecken und 5–10 Min. ruhen lassen, dann in „Koteletts“ zerteilen. Mit würzigem Zitronenreis *(Seite 96)* servieren.

Ergibt 4 Portionen

NÄHRWERTE JE PORTION 1797 kJ – 432 kcal – 42 g Protein – 4 g Kohlenhydrate – 3 g Zucker – 28 g Fett – 14 g gesättigte Fettsäuren – 0 g Ballaststoffe – 133 mg Natrium

GESUNDHEITSTIPP Wenn man Fleisch mariniert, bevor man es zubereitet, erhält es nicht nur ein wunderbares Aroma, sondern wird auch schön saftig. Marinaden auf Ölbasis erhöhen den Fettgehalt eines Gerichts möglicherweise. Hier wird er durch die Verwendung von fettarmem Joghurt gering gehalten.

Rinderspieße mit Mango-Salsa

Große Rindfleischstücke auf Spießen, über Nacht mariniert, dann gegrillt, dazu eine erfrischenden Salsa – ein leckeres Mittag- oder Abendessen. Mit einem knackigen Salat oder einer Salsa und in Chapatis (Fladenbroten) als Wrap serviert ergeben die Spieße eine üppigere Mahlzeit.

ZUTATEN 500 g Rinderfilet, in mundgerechte Stücke geschnitten

MARINADE 150 ml fettarmer Joghurt ‖ ½ kleine Zwiebel, grob gehackt ‖ 2 TL fein geriebener Ingwer ‖ 2 TL fein geriebener Knoblauch ‖ 3 EL Tomatenmark ‖ 1 EL Currypulver (mittelscharf) ‖ 2 EL gehackte Korianderblätter ‖ ½ TL Salz

SALSA 1 reife Mango, fein gewürfelt ‖ ½ kleine rote Zwiebel, fein gewürfelt ‖ je 2 EL gehackte Koriander- und Minzeblätter ‖ 1 rote Chili, entkernt und fein gehackt ‖ Saft von 2 Limetten ‖ Salz

EINS Fleisch in eine Schüssel aus Steingut geben. Alle Zutaten für die Marinade in der Küchenmaschine glatt mixen und über das Fleisch gießen. Abdecken und über Nacht im Kühlschrank ziehen lassen. **ZWEI** Für die Salsa alle Zutaten in einer Schüssel vermischen und abschmecken. **DREI** Das marinierte Fleisch auf 8 Metallspieße stecken (Bambusspieße vorher in Wasser einweichen) und unter dem heißen Grill 10–15 Min. garen, dabei nach der halben Zeit wenden, bis das Fleisch so durch ist, wie Sie es mögen. Herausnehmen, 3–4 Min. ruhen lassen und mit der Mango-Salsa servieren.

Ergibt 4 Portionen

NÄHRWERTE JE PORTION 949 kJ – 225 kcal – 29 g Protein – 13 g Kohlenhydrate – 12 g Zucker – 7 g Fett – 3 g gesättigte Fettsäuren – 1 g Ballaststoffe – 167 mg Natrium

GESUNDHEITSTIPP Rindfleisch ist eine gute Quelle für Eisen, das wichtig für die Bildung gesunder roter Blutkörperchen ist. Filet, das hier verwendet wird, ist fettarm und zart.

Rinder-Kofta-Curry

Äußerst wärmend sind diese kleinen würzigen Hackfleischbällchen, gegart in einer samtig-würzigen Sauce. Dazu passt indisches Fladenbrot und frischer indischer Salat oder eine Salsa. Für ein zwangloses Essen können Sie die Koftas und den Salat in das Brot einwickeln.

ZUTATEN 625 g mageres Rinderhackfleisch ‖ 1 TL fein geriebener frischer Ingwer ‖ 2 TL Fenchelsamen ‖ 1 TL gemahlener Zimt ‖ 1 TL Gelbwurz ‖ 2 EL mildes Currypulver ‖ 500 ml passierte Tomaten ‖ Salz und frisch gemahlener schwarzer Pfeffer

GARNIERUNG fettarmer Joghurt zum Beträufeln und Minzeblätter zum Bestreuen

EINS Ingwer und Hackfleisch in eine große Schüssel geben. Fenchelsamen mit Mörser und Stößel grob zerstoßen und zusammen mit dem Zimt zu der Mischung geben. Würzen und mit den Händen gut vermischen. Mischung zu kleinen, walnussgroßen Bällchen formen und beiseite stellen. **ZWEI** Gelbwurz, Currypulver und passierte Tomaten in eine weite beschichtete Pfanne geben und aufkochen. Würzen, Temperatur herunterschalten und Fleischbällchen vorsichtig in die Sauce geben. Abdecken und 15–20 Min. köcheln, bis sie durch sind. Dabei hin und wieder umrühren und die Bällchen wenden. Vom Herd nehmen, mit Joghurt beträufeln und Minzeblättchen bestreuen. Mit Chapatis und einem Salat servieren.

Ergibt 4 Portionen

NÄHRWERTE JE PORTION 893 kJ – 212 kcal –32 g Protein – 5 g Kohlenhydrate – 4 g Zucker – 7 g Fett – 3 g gesättigte Fettsäuren – 1 g Ballaststoffe – 142 mg Natrium

GESUNDHEITSTIPP Rinderhackfleisch kann sehr viele Kalorien enthalten, deswegen sollten Sie immer darauf achten, möglichst fettarmes zu kaufen.

Fisch und Meeresfrüchte

Knusprig gebratene Makrelen in roter Masala

In Indien bedeutet Masala schlicht „Gewürzmischung“. Diese kann ganz unterschiedlich sein, je nachdem, für welches Gericht sie zubereitet wird und aus welchem Landesteil sie stammt. Hier wird eine Paste als Würzmarinade vor dem Grillen auf dem Fisch verteilt.

ZUTATEN 4 frische Makrelen, je ca. 250–300 g, geputzt und ausgenommen

ROTE MASALA-PASTE 1 EL Sonnenblumenöl ‖ 1 TL geriebener frischer Ingwer ‖ 2 TL fein geriebener Knoblauch ‖ 2 rote Chilis, entkernt und sehr fein gehackt ‖ 1 TL Chilipulver ‖ ½ TL Gelbwurz ‖ 1 TL gemahlener Kreuzkümmel ‖ 1 TL gemahlener Koriander ‖ 4 EL Tomatenmark ‖ 1 TL geriebener Jagre- oder Palmzucker ‖ Saft von 2 Zitronen ‖ Salz ‖ rote Zwiebeln in Ringen, Gurken- und Tomatenscheiben zum Garnieren

EINS Makrelen auf jeder Seite 4- bis 5-mal schräg tief einkerben. **ZWEI** Für die Masala alle Zutaten mit einigen Esslöffeln Wasser in die Küchenmaschine geben und zu einer Paste mit ziemlich glatter Konsistenz mixen. Gut abschmecken und die Mischung auf dem Fisch verteilen, darauf achten, dass sie in alle Einkerbungen gelangt. **DREI** Fisch auf ein Grillgitter legen und unter dem heißen Grill auf jeder Seite 6–8 Min. garen, bis er durch und an den Rändern leicht verkohlt ist. Sofort mit roten Zwiebeln, Gurken- und Tomatenscheiben servieren.

Ergibt 4 Portionen

NÄHRWERTE JE PORTION 1676 kJ – 403 kcal – 31 g Protein – 7 g Kohlenhydrate – 5 g Zucker – 28 g Fett – 5 g gesättigte Fettsäuren – 0 g Ballaststoffe – 265 mg Natrium

GESUNDHEITSTIPP Die hier verwendeten Gewürze weisen eine Reihe therapeutischer Eigenschaften auf, so stärken sie beispielsweise das Immunsystem, verbessern den Kreislauf, heben die Stimmung und lindern Entzündungen.

Senffisch bengalischer Art

In der ostindischen Region Bengalen gibt es ein reichhaltiges Angebot an Fisch, der aus dem Golf von Bengalen stammt und auf die verschiedenste Weise zubereitet wird. In diesem Rezept wird einfach Weißfisch mit Senf, Gelbwurz und Chili gewürzt und nur solange gebacken, bis er gerade durch ist.

ZUTATEN **1 TL Gelbwurz ‖ 1 TL Chilipulver ‖ 2 EL grobkörniger Senf ‖ 2 TL schwarze Senfkörner ‖ 2 EL Sonnenblumenöl ‖ Saft 1 Limette ‖ Salz ‖ 4 dicke Heilbutt- oder Kabeljaufilets, je ca. 250 g, gehäutet ‖ gehackte Korianderblätter zum Garnieren**

EINS Ein Backblech mit Antihaft-Backpapier auslegen. **ZWEI** Mit Mörser und Stößel Gelbwurz, Chilipulver, Senf und Senfkörner zerreiben, bis sie recht gut vermischt sind. Öl und Limettensaft hinzufügen und gut abschmecken. Gründlich verrühren. **DREI** Fischfilets auf das vorbereitete Backblech legen. Senfmischung auf dem Fisch verteilen. Im vorgeheizten Ofen bei 200 °C (Gas Stufe 6) ca. 15–20 Min. garen. Aus dem Ofen nehmen, mit gehackten Korianderblättern garnieren und sofort servieren.

Ergibt 4 Portionen

NÄHRWERTE JE PORTION 958 kJ – 228 kcal – 32 g Protein – 1 g Kohlenhydrate – 0 g Zucker – 11 g Fett – 1 g gesättigte Fettsäuren – 0 g Ballaststoffe – 274 mg Natrium

GESUNDHEITSTIPP Senf sagt man wie vielen Gewürzen gesundheitsfördernde Eigenschaften nach. Er soll den Appetit und die Verdauung anregen und sogar helfen, die Nasennebenhöhlen zu befreien.

Mit Senf gegrillte Sardinen

Diese köstlichen, würzigen Sardinen eignen sich im Sommer perfekt zum Grillen oder als schlichtes Mittag- oder Abendessen. Dazu am besten einfach einen frischen, knackigen Salat und Zitronenspalten zum Beträufeln servieren.

ZUTATEN **12 mittelgroße Sardinen | 1 EL grobkörniger Senf | Saft von 2 Zitronen | 1 TL Chilipulver | 1 TL Garam Masala | Salz**

EINS Sardinen auf eine große Arbeitsfläche legen und die Fische mit einem scharfen Messer auf beiden Seiten 2- bis 3-mal schräg einkerben. **ZWEI** Senf, Zitronensaft, Chilipulver und Garam Masala in einer kleinen Schüssel mischen. Abschmecken und die Mischung auf dem Fisch verteilen. **DREI** Sardinen auf ein Grillgitter legen und unter dem auf mittlere Hitze erwärmten Grill ca. 3–4 Min. auf jeder Seite garen, bis sie durch sind. Heiß servieren und Zitronenspalten dazu reichen.

Ergibt 4 Portionen

NÄHRWERTE JE PORTION 1078 kJ –257 kcal – 32 g Protein – 1 g Kohlenhydrate – 1 g Zucker – 14 g Fett – 4 g gesättigte Fettsäuren – 0 g Ballaststoffe – 249 mg Natrium

GESUNDHEITSTIPP Sardinen sind fettreiche Fische und deswegen eine gute Quelle für die gesundheitsfördernden essentiellen Omega-3-Fettsäuren. Versuchen Sie, mindestens einmal pro Woche fettreichen Fisch zu essen, um sicherzustellen, dass Sie eine angemessene Menge dieses wertvollen Nährstoffs zu sich nehmen.

Mango-Garnelen-Curry

Süß und scharf, würzig und sahnig, cremig im Geschmack und dennoch mit Biss – dieses Curry aus Goa bietet alles. Durch die grünen Mangos, die hier wie Gemüse verwendet werden, bekommt das Curry eine tolle Konsistenz.

ZUTATEN **1 TL Chilipulver ‖ 1 TL Paprikapulver ‖ ½ TL Gelbwurz ‖ 3 Knoblauchzehen, gepresst ‖ 2 TL fein geriebener frischer Ingwer ‖ 2 EL gemahlener Koriander ‖ 2 TL gemahlener Kreuzkümmel ‖ 1 EL geriebener Jagre- oder Palmzucker ‖ 400 ml Wasser ‖ 1 grüne Mango, entsteint und in feine Scheiben geschnitten ‖ 400 ml halbfette Kokosmilch ‖ 1 EL Tamarindenpaste ‖ 1 kg rohe Riesengarnelen, gesäubert und entdarmt ‖ Salz**

EINS Chili- und Paprikapulver, Gelbwurz, Knoblauch, Ingwer, Koriander, Kreuzkümmel und Zucker zusammen mit dem Wasser in einen großen Wok geben und gut verrühren. Bei großer Hitze aufkochen. Temperatur herunterschalten und abgedeckt 8–10 Min. köcheln lassen. **ZWEI** Mango, Kokosmilch und Tamarindenpaste unterrühren. Mischung wieder aufkochen und Garnelen dazugeben. **DREI** Ca. 8–10 Min. unter Rühren sanft köcheln lassen, bis die Garnelen rosa geworden und gar sind. Abschmecken und mit gedämpftem Basmatireis servieren.

Ergibt 4 Portionen

NÄHRWERTE JE PORTION 1070 kJ – 255 kcal – 24 g Protein – 18 g Kohlenhydrate 14 g Zucker – 10 g Fett – 6 g gesättigte Fettsäuren – 1 g Ballaststoffe – 372 mg Natrium

GESUNDHEITSTIPP Garnelen enthalten zwar Cholesterol, doch sind es eigentlich die gesättigten Fettsäuren, die gesundheitsschädlich sind. Die Leber wandelt letztere in Cholesterol um, wodurch der Gesamtcholesterolwert steigt. Garnelen enthalten nur wenig gesättigte Fettsäuren und haben viele andere positive Eigenschaften, weshalb die meisten Experten der Meinung sind, dass man Garnelen essen kann, auch wenn man seinen Cholesterolwert senken will.

Fisch nach Bombay-Art

Schlicht in einer üppigen Würzsauce gegarter Fisch ergibt ein schnelles und leckeres Mittag- oder Abendessen. Leichtes, frisches Gemüse und Reis als Beilage bilden einen schönen Kontrast zwischen den verschiedenen Konsistenzen und Aromen.

ZUTATEN **1 TL Kardamomsamen ‖ 1 TL Fenchelsamen ‖ 2 TL Koriandersamen ‖ 1 TL Kreuzkümmelsamen ‖ 2 Streifen Muskatblüte ‖ 1 TL weißer Mohn ‖ 65 g Cashew-Nüsse, geröstet und gehackt ‖ 40 g Kokosraspeln ‖ 1 rote Zwiebel, fein gehackt ‖ 3 Knoblauchzehen, gehackt ‖ 2 grüne Chilis, entkernt und gehackt ‖ 1 große Hand voll gehackte Korianderblätter ‖ 2 EL gehackte Minzeblätter ‖ Saft von 2 Limetten ‖ 1 EL Sonnenblumenöl ‖ 200 ml Wasser ‖ 1 großer Silver Pomfret (Silberner Pampel), gesäubert und in 4 dicke Steaks geschnitten, oder 4 dicke Kabeljaufilets à 200 g ‖ rote Chilis, fein gehackt, zum Garnieren**

EINS Kardamom-, Fenchel-, Koriander-, Kreuzkümmelsamen und Muskatblüte in einer kleinen Pfanne einige Minuten bei mittlerer Hitze andünsten, bis sie anfangen zu duften. Vom Herd nehmen und zusammen mit dem Mohn in einer Kaffeemühle zu einem feinen Pulver mahlen. **ZWEI** Cashew-Nüsse und Kokosraspeln in einer Pfanne einige Minuten anrösten, bis die Kokosnuss leicht Farbe angenommen hat. Zusammen mit der Gewürzmischung, Zwiebel, Knoblauch, Chili, Limettensaft, Koriander- und Minzeblättern in der Küchenmaschine zu einer Paste mixen. **DREI** Öl in einer großen beschichteten Pfanne erhitzen und Paste hineingeben. Unter Rühren 1–2 Min. bei großer Hitze andünsten und das Wasser angießen. Gut verrühren, aufkochen und die Fischfilets vorsichtig nebeneinander in die Pfanne legen. **VIER** Auf mittlere Stufe herunterschalten und ca. 8–10 Min. sanft köcheln lassen, bis der Fisch durch ist. Mit fein gehackten roten Chilis garnieren und sofort mit Poppadums (Linsenmehlcrackern), Sago-Snacks oder Basmatireis servieren.

Ergibt 4 Portionen

NÄHRWERTE JE PORTION 1475 kJ – 353 kcal – 40 g Protein – 8 g Kohlenhydrate – 4 g Zucker 19 g Fett – 7 g gesättigte Fettsäuren – 3 g Ballaststoffe – 164 mg Natrium

GESUNDHEITSTIPP Wenn man Gewürze, Cashew-Nüsse und Kokosnuss in einer sauberen Pfanne trocken anröstet, setzt man ihre Aromen frei, ohne zusätzlich Fett zu verwenden.

Gebackene Heilbutt-Masala

Was geht einfacher und schneller, als Heilbuttsteaks oder -filets mit einer Marinade aus fertiger Currypaste und Limettensaft zu überziehen und sie dann nur kurz zu backen, bis sie gerade durch sind? Dieses Fischgericht ist so köstlich, dass man nur eine Schale gedämpften Reis oder eine einfache Gemüsebeilage dazu reichen muss, um eine ausgewogene Mahlzeit zusammenzustellen.

ZUTATEN 4 dicke Heilbuttsteaks oder -filets à ca. 250 g ‖ 2 EL mittelscharfe Currypaste ‖ Saft von 2 Limetten

EINS Ein großes Backblech mit Antihaft-Backpapier auslegen. **ZWEI** Currypaste und Limettensaft vermischen. Abschmecken und den Fisch mit der Mischung überziehen. **DREI** Den Fisch auf das Backblech legen und im vorgeheizten Ofen ca. 15–20 Min. bei 200 °C (Gas Stufe 6) backen, bis er gar ist. Herausnehmen und sofort mit Reis oder Gemüse servieren.

Ergibt 4 Portionen

NÄHRWERTE JE PORTION 808 kJ – 190 kcal – 32 g Protein – 1 g Kohlenhydrate – 1 g Zucker – 7 g Fett – 1 g gesättigte Fettsäuren – 0 g Ballaststoffe – 337 mg Natrium

GESUNDHEITSTIPP Fischarten wie Heilbutt sind ein guter Lieferant für fettarmes Protein. Die Zubereitung mit einer würzigen Marinade und im Ofen ist zudem eine der gesündesten Arten, diesen Fisch zu genießen.

Tandoori-Fischspieße

Gerichte, die in einem Tandoor-Tonofen zubereitet werden, haben einen ganz eigenen Geschmack. Diese Variante, für die eine Joghurt-Marinade mit traditionellen Gewürzen verwendet und der Fisch dann gegrillt wird, bis er gerade durch ist, schmeckt aber genauso gut.

ZUTATEN 4 Forellenfilets à 150 g, enthäutet

TANDOORI-MARINADE 200 g fettarmer Naturjoghurt ‖ 3 Knoblauchzehen, zerdrückt ‖ 1 TL fein geriebener frischer Ingwer ‖ 1 EL Tandoori-Gewürzmischung ‖ Saft 1 Zitrone ‖ Salz

EINS Forellenfilets zurechtschneiden und nebeneinander in eine weite Schüssel aus Steingut legen. Alle Zutaten für die Marinade vermischen, abschmecken und den Fisch damit bestreichen. Abdecken und möglichst 15–20 Min. ziehen lassen. **ZWEI** Jedes Filet auf zwei eingeweichte Holzspießchen stecken und auf ein Grillgitter legen. Unter dem auf mittlere Hitze vorgeheizten Grill ca. 4–5 Min. auf jeder Seite garen, bis sie durch sind. Herausnehmen und mit Fladenbrot und Salat servieren.

Ergibt 4 Portionen

NÄHRWERTE JE PORTION 870 kJ – 207 kcal – 32 g Protein – 5 g Kohlenhydrate – 4 g Zucker – 7 g Fett – 0 g gesättigte Fettsäuren – 0 g Ballaststoffe – 128 mg Natrium

GESUNDHEITSTIPP Auch wenn der Fettverzehr bei einer gesunden Ernährung eingeschränkt sein sollte, sind Omega-3-Fettsäuren, von denen jede Menge in Forelle stecken, dennoch wesentlich für eine gute Gesundheit. Man geht davon aus, dass sie das Herz stärken, gut für die Haut sind und sogar bei Krebs helfen.

Lachs-Tamarinden-Curry

Tamarinde verleiht diesem Curry eine scharfe Note und bildet so einen Gegensatz zum eher üppigen Lachs und der Kokosmilch. Außerdem hebt sie die Aromen der Gewürze hervor. Tamarindenpaste erhalten Sie in den meisten Feinkost- oder Asia-Läden. Ersatzweise tut es auch der Saft einer Zitrone oder Limette.

ZUTATEN 2 EL Sonnenblumenöl | 2 Knoblauchzehen, in feine Scheiben geschnitten | 2 TL Kreuzkümmelsamen | 1 TL Schwarzkümmelsamen | 1 TL zerdrückte Koriandersamen | 10–12 Curryblätter | 750 g Lachsfilet, in mundgerechte Stücke geschnitten | 2 EL Tomatenmark | 1/2 TL Streuzucker | 1 TL Garam Masala | 1 TL gemahlener Kreuzkümmel | 6 EL fein gehackte Korianderblätter | 1 rote Chili, in feine Scheiben geschnitten | 1 TL Tamarindenpaste | 250 ml Kokosmilch | Salz | Pilau oder gedämpfter Basmatireis als Beilage

ZUM GARNIEREN Korianderblätter | Schwarzkümmelsamen

EINS Öl in einem großen beschichteten Wok oder einer Pfanne erhitzen und Knoblauch, Senfkörner, Kreuzkümmel-, Schwarzkümmel- und Koriandersamen hineingeben. 1–2 Min. pfannenrühren, dann die Curryblätter und den Lachs dazugeben. Bei großer Hitze 5–6 Min. pfannenrühren. **ZWEI** Die restlichen Zutaten in einer Schüssel vermischen und zum Fisch gießen. Auf mittlere Temperatur herunterschalten und unter häufigem Umrühren 3–4 Min. köcheln lassen, bis der Lachs gar ist. Gut abschmecken, mit Korianderblättern und einigen Schwarzkümmelsamen garnieren und sofort servieren. Dazu passt Pilau (ein Reisgericht) oder gedämpfter Basmatireis.

Ergibt 4 Portionen

NÄHRWERTE JE PORTION 2606 kJ – 628 kcal – 37 g Protein – 9 g Kohlenhydrate – 7 g Zucker – 50 g Fett – 23 g gesättigte Fettsäuren – 0 g Ballaststoffe – 212 mg Natrium

GESUNDHEITSTIPP Lachs ist reich an essentiellen Fettsäuren, die für eine gute Gesundheit notwendig sind und zur Vorbeugung einiger Herzerkrankungen beitragen sollen.

Masala-Fenchel-Garnelen

Frische, saftige Garnelen, die einfach in einer Fenchelsauce gegart werden, ergeben zusammen mit Reis und einem Salat ein gesundes Mittagessen.

ZUTATEN 1 TL leichtes Olivenöl | 10–12 frische Curryblätter | 2 große Schalotten, halbiert und in feinen Ringen | 2 TL fein geriebener Knoblauch | 1 TL fein geriebener Ingwer | 1 EL Fenchelsamen | 1 EL mildes Currypulver | 5 große reife Tomaten, ohne Strunk und gehackt | 750 g rohe Riesengarnelen, geschält und entdarmt | Meersalz | frische Korianderblätter zum Garnieren

EINS Öl im Wok oder einer beschichteten Pfanne erhitzen und Curryblätter hineingeben. 30 Sek. pfannenrühren und die Schalotten dazugeben. Unter Rühren 4–5 Min. bei mittlerer Hitze andünsten, dann Knoblauch, Ingwer und Fenchelsamen hinzufügen. **ZWEI** 2–3 Min. sanft köcheln lassen und Currypulver und Tomaten dazugeben. Temperatur hochschalten und die Mischung 3–4 Min. pfannenrühren. **DREI** Garnelen in die Pfanne geben und bei großer Hitze ca. 6–7 Min. garen, bis sie rosa und gerade durch sind. Vom Herd nehmen, abschmecken und mit Korianderblättern garnieren. Sofort mit gedämpftem Reis servieren.

Ergibt 4 Portionen

NÄHRWERTE JE PORTION 599 kJ – 142 kcal – 18 g Protein – 8 g Kohlenhydrate – 6 g Zucker – 5 g Fett – 1 g gesättigte Fettsäuren – 3 g Ballaststoffe – 202 mg Natrium

GESUNDHEITSTIPP Pfannenrühren ist eine äußerst gesunde Garmethode, da fast kein Fett gebraucht wird. Wenn Sie eine beschichtete Pfanne oder einen Wok benutzen, benötigen Sie sogar noch weniger Fett, um zu verhindern, dass die Zutaten ankleben.

Cremiges Fisch-Korma

Zart gewürzte Korma-Currys werden normalerweise mit Sahne und gemahlenen Mandeln verfeinert. Hier werden stattdessen halbfette Kokosmilch und sehr fettarmer Frischkäse verwendet, was genauso gut schmeckt – ein besseres Rezept gibt es für frischen Kabeljau kaum!

ZUTATEN 750 g dicke Kabeljaufilets, gehäutet und in mundgerechte Stücke geschnitten ‖ 2 EL Mehl ‖ 2 EL leichtes Olivenöl ‖ 1 Zwiebel, halbiert und in feine Ringe geschnitten ‖ 2 Knoblauchzehen, gepresst ‖ 1 TL Gelbwurz ‖ 1 grüne Chili, fein gehackt ‖ 2 EL Zitronensaft ‖ 200 ml halbfette Kokosmilch ‖ 100 ml sehr fettarmer Naturfrischkäse

EINS Fisch leicht in Mehl panieren, überflüssiges Mehl abschütteln. Öl auf mittlerer Stufe in einer großen beschichteten Pfanne erhitzen, den Fisch hineingeben und 2–3 Min. auf jeder Seite braten. Mit einem Schaumlöffel aus der Pfanne nehmen und beiseite stellen. **ZWEI** Zwiebeln in der Pfanne bei mittlerer Hitze 5–6 Min. pfannenrühren. Knoblauch, Gelbwurz, Chili und Zitronensaft dazugeben und weitere 2–3 Min. unter Rühren dünsten. Kokosmilch unterrühren, aufkochen, Temperatur herunterschalten und unter Rühren 8–10 Min. sanft köcheln lassen. **DREI** Fisch wieder in die Pfanne geben, mit Sauce überziehen und 4–5 Min. erwärmen. Vom Herd nehmen und vor dem Servieren vorsichtig den Frischkäse unterrühren.

Ergibt 4 Portionen

NÄHRWERTE JE PORTION 1324 kJ – 315 kcal – 39 g Protein – 15 g Kohlenhydrate – 6 g Zucker 12 g Fett – 4 g gesättigte Fettsäuren – 1 g Ballaststoffe – 219 mg Natrium

GESUNDHEITSTIPP Servieren Sie zu diesem eher üppigen Curry eine einfache frische Gemüsebeilage und gekochten Reis oder warme Chapatis (Fladenbrote), um eine ausgewogene, gesunde Mahlzeit zusammenzustellen.

Würzige Garnelen-Päckchen mit Kräutern

Eine der gesündesten Methoden Garnelen zuzubereiten ist, sie in der Folie zu dämpfen, so dass sie im eigenen Saft garen. Durch die Kokos-Gewürz-Paste, mit der sie vorher überzogen werden, bekommen sie einen vollen, abgerundeten Geschmack.

ZUTATEN 875 g rohe Riesengarnelen, gesäubert und entdarmt

KRÄUTER-GEWÜRZ-PASTE 2 Knoblauchzehen, fein gehackt | 1 TL fein geriebener frischer Ingwer | 4 Frühlingszwiebeln, fein gehackt | 6 EL gehackte frische Korianderblätter | 200 ml halbfette Kokosmilch | 1 rote Chili, gehackt | 1 TL gemahlener Kreuzkümmel | ½ TL Garam Masala | ¼ TL Gelbwurz | fein geriebene Rinde und Saft 1 Limette | 1 TL geriebener Jagre- oder Palmzucker | Salz

EINS Garnelen in eine weite, flache Schüssel geben. **ZWEI** Alle Zutaten für die Paste in die Küchenmaschine geben und zu einem groben Püree mixen. Die Garnelen mit dieser Mischung gleichmäßig überziehen. **DREI** Vier Quadrate à 30 cm aus stabiler Alufolie zurechtschneiden und die Garnelen darauf verteilen. Um die Päckchen zu verschließen, Folien-Enden zusammenfassen und zusammendrehen. **VIER** Päckchen auf ein Backblech legen und im vorgeheizten Ofen bei 200 °C (Gas Stufe 6) ca. 15–20 Min. backen, bis die Garnelen rosa geworden und durch sind. Päckchen aus dem Ofen nehmen, jedes auf einem Teller anrichten und sofort servieren. Folie am Tisch öffnen.

Ergibt 4 Portionen

NÄHRWERTE JE PORTION 635 kJ – 152 kcal – 19 g Protein – 6 g Kohlenhydrate – 4 g Zucker – 6 g Fett – 3 g gesättigte Fettsäuren – 0 g Ballaststoffe – 246 mg Natrium

GESUNDHEITSTIPP Knoblauch, eines der wichtigsten Würzmittel in der indischen Küche, hat viele gesundheitsfördernde Eigenschaften: Er wirkt antibakteriell und man geht davon aus, dass er auch bei der Vorbeugung einiger Krebserkrankungen mithelfen kann und das Immunsystem stärkt.

Muscheln nach Goa-Art

Im westindischen Goa lassen sich viele Ideen für die Zubereitung von Fischen und Schalentieren finden. In diesem Rezept werden Venus- und Miesmuscheln in wärmenden Gewürzen gedämpft und dann mit geriebener Kokosnuss und Koriander überzogen – Sie werden einem Nachschlag nicht widerstehen können.

ZUTATEN 1 EL Sonnenblumenöl ‖ 2 Schalotten, sehr fein gewürfelt ‖ 1 rote Chili, längs aufgeschnitten ‖ 1 TL fein geriebener frischer Ingwer ‖ 2 Knoblauchzehen, fein gehackt ‖ 2 Roma-Tomaten, fein gehackt ‖ 1 TL Garam Masala ‖ ½ TL Gelbwurz ‖ 625 g frische Venusmuscheln, gründlich gesäubert ‖ 200 g frisch geriebene Kokosnuss ‖ 6–8 EL gehackte Korianderblätter ‖ Limetten- oder Zitronenspalten und knuspriges Brot als Beilage

EINS Öl in einem großen Wok oder einer Pfanne erhitzen. Schalotten, Chilis, Ingwer und Knoblauch hineingeben und auf hoher Stufe 2–3 Min. pfannenrühren. Tomaten, Garam Masala und Gelbwurz hinzufügen und unter häufigem Rühren weitere 3–4 Min. dünsten. **ZWEI** Die Muscheln dazugeben, unterrühren und die Pfanne dicht abdecken. Auf hoher Stufe ca. 6–8 Minuten weiterkochen, bis sich die Muscheln geöffnet haben. Alle, die sich nicht öffnen, wegwerfen. **DREI** Kokosnuss und Koriander unterrühren und gut vermischen. In 4 großen Schalen anrichten und mit Zitronen- oder Limettenspalten zum Beträufeln garnieren. Schmeckt am besten, wenn man mit den Fingern isst und mit viel knusprigem Brot die Sauce auftunkt.

Ergibt 4 Portionen

NÄHRWERTE JE PORTION 1266 kJ – 304 kcal – 20 g Protein – 5 g Kohlenhydrate – 4 g Zucker – 23 g Fett – 16 g gesättigte Fettsäuren – 7 g Ballaststoffe – 232 mg Natrium

GESUNDHEITSTIPP In Schalentieren steckt viel Zink, das wichtig für das Körperwachstum, das Immunsystem und die Fortpflanzungsfunktionen ist.

Gemüse und vegetarische Gerichte

Okras mit Tomaten und Gurken

Viele scheuen sich, Okras zu kochen, aufgrund ihrer leicht klebrigen Konsistenz. Dabei lassen sie sich ganz einfach und gut zubereiten – dieses leckere Gericht werden Sie sicher bald in Ihr Standardrepertoire aufnehmen.

ZUTATEN 400 g frische Okras ‖ 2 EL Sonnenblumenöl ‖ 2 EL Senfkörner ‖ 2 getrocknete rote Chilis im Ganzen ‖ 1 Zwiebel, in sehr feinen Ringen ‖ 2 Roma-Tomaten, grob gehackt ‖ 1 kleine Salatgurke, grob gehackt ‖ 1 Knoblauchzehe, sehr fein gehackt ‖ 1 TL sehr fein gehackter frischer Ingwer ‖ ½ TL Gelbwurz ‖ Salz ‖ frisch geriebene Kokosnuss zum Bestreuen

EINS Okras schräg in Scheiben von 1 cm Breite schneiden. Öl in einer großen beschichteten Pfanne erhitzen und die Senfkörner hineingeben. Wenn sie beginnen aufzuplatzen, Chilis und Zwiebel hinzufügen. **ZWEI** 4–5 Min. bei mittlerer Hitze pfannenrühren und dünsten, bis die Zwiebelringe weich sind. Dann Tomaten, Gurke, Knoblauch, Ingwer und Gelbwurz unterrühren. 3–4 Min. pfannenrühren, Temperatur hochschalten und Okrascheiben hinzufügen. Nochmals 2–3 Min. pfannenrühren, abschmecken und vom Herd nehmen. **DREI** Mit geriebener Kokosnuss bestreuen und sofort servieren.

Ergibt 4 Portionen

NÄHRWERTE JE PORTION 617 kJ – 149 kcal – 5 g Protein – 10 g Kohlenhydrate – 7 g Zucker – 10 g Fett – 3 g gesättigte Fettsäuren – 6 g Ballaststoffe – 17 mg Natrium

GESUNDHEITSTIPP Sie sollten versuchen fünf Portionen möglichst verschiedener Obst- und Gemüsesorten am Tag zu essen. Mit dieser Beilage sind Sie auf dem besten Weg dieses Ziel zu erreichen.

Limetten-Koriander-Kartoffeln mit Zucchini

Kartoffeln und Zucchini sind eine klassische Kombination in der indischen Küche – und zusammen mit spritzigem Limettensaft und duftenden Kräutern ein wahrer Hit. Schmeckt am besten, wenn man die gewürzten Kartoffeln mit indischem Brot auflöffelt.

ZUTATEN 1 EL Sonnenblumenöl | 1 kleine Zwiebel, fein gewürfelt | 2 TL Kreuzkümmelsamen | 2 Knoblauchzehen, gepresst | 1 TL fein geriebener frischer Ingwer | 1/2 TL Gelbwurz | 625 g Kartoffeln, in dicke Stifte geschnitten und gekocht | 150 ml heißes Wasser | 1 Zucchino, in dicke Stifte geschnitten und gegart | 2 Roma-Tomaten, fein gehackt | 1/2 TL Garam Masala | 4 EL gehackte frische Korianderblätter | 2 EL gehackte frische Minzeblätter | Limettensaft und fein geriebene Limettenschale | Salz

EINS Öl in einer Pfanne erhitzen und Zwiebel hinzufügen. Bei mittlerer Hitze 5–6 Min. pfannenrühren, bis sie weich ist. **ZWEI** Kreuzkümmelsamen, Knoblauch, Ingwer und Gelbwurz hinzufügen und 2–3 Min. pfannenrühren. Kartoffeln mit dem Wasser hinzufügen. Bei großer Hitze 3–4 Min. kochen. Zucchino, Tomaten und Garam Masala unterrühren. Bei hoher Temperatur 3–4 Min. unter Rühren kochen, vom Herd nehmen und die gehackten Kräuter, Limettensaft- und schale unterrühren. Gut abschmecken und sofort servieren.

Ergibt 4 Portionen

NÄHRWERTE JE PORTION 858 kJ – 204 kcal – 8 g Protein – 36 g Kohlenhydrate – 4 g Zucker – 5 g Fett – 1 g gesättigte Fettsäuren – 6 g Ballaststoffe – 20 mg Natrium

GESUNDHEITSTIPP Zucchini enthalten viel Folsäure, die wesentlich für die Entwicklung des Fötus ist. Frauen, die in den ersten drei Schwangerschaftsmonaten sind oder schwanger werden wollen, sollten große Menge an Nahrungsmitteln zu sich nehmen, die diesen wertvollen Nährstoff enthalten.

Pfannengerührte grüne Bohnen mit Curryblättern

Knackige frische Bohnen, in Gewürzen bissfest gegart und mit frisch geriebener Kokosnuss bestreut, ergeben eine köstliche Beilage zu einfach gegartem Fisch und Fleisch.

ZUTATEN 1 EL Sonnenblumenöl ‖ 1 TL schwarze Senfkörner ‖ 10–12 Curryblätter ‖ 1 TL Urad Dhal ‖ 1–2 getrocknete rote Chilis ‖ 1 kleine Zwiebel, halbiert und in feine Ringe geschnitten ‖ 1 TL Gelbwurz ‖ 400 g feine grüne Bohnen, geputzt ‖ 100 ml Wasser ‖ Salz ‖ 2 EL frisch geriebene Kokosnuss

EINS Öl in einer großen, beschichteten Pfanne oder im Wok erhitzen. Senfkörner hineingeben und bei mittlerer Hitze anrösten. Sobald die Körner aufplatzen, Curryblätter, Urad Dhal und Chilis hinzufügen. Ca. 1–2 Min. pfannenrühren, bis der Dhal einen leicht goldbraunen Ton hat. **ZWEI** Zwiebeln hinzufügen, und unter Rühren 5–6 Min. weich dünsten. Gelbwurz hinzufügen und weitere 2–3 Min. pfannenrühren. **DREI** Bohnen zusammen mit dem Wasser in die Pfanne geben, rühren, aufkochen und 5–6 Min. bei niedriger bis mittlerer Hitze köcheln lassen. Gelegentlich umrühren. Gut abschmecken und vom Herd nehmen. Kurz vor dem Servieren Kokosnuss darüber streuen.

Ergibt 4 Portionen

NÄHRWERTE JE PORTION 387 kJ – 93 kcal – 3 g Protein – 7 g Kohlenhydrate – 3 g Zucker – 6 g Fett – 2 g gesättigte Fettsäuren – 4 g Ballaststoffe – 4 mg Natrium

GESUNDHEITSTIPP Für einen maximalen Nährstoffgehalt sollten Sie Bohnen kaufen, wenn sie Saison haben. Wählen Sie feste, knackige und möglichst keine, die schon geputzt sind oder schon weich werden.

Gemüse-Kokosnuss-Eintopf

Dieser reichhaltige, cremige Eintopf ist ein phantastisches vegetarisches Hauptgericht. Das Gemüse wird mit Biss gegart, wodurch der Eintopf einen frischen, klaren Geschmack und eine schöne Konsistenz bekommt.

ZUTATEN 2 Karotten, in dünne Stifte geschnitten ‖ 1 Zucchino, in dünne Stifte geschnitten ‖ 200 g grüne Bohnen, geputzt und halbiert ‖ 1 mittelgroße Kartoffel, in dünne Stifte geschnitten ‖ 1 EL Sonnenblumenöl ‖ 1 große Zwiebel, halbiert und in feine Ringe geschnitten ‖ 1/2 TL schwarze Senfkörner ‖ 6–8 Curryblätter ‖ 1 grüne Chili, in feine Ringe geschnitten ‖ 1 TL Mohn ‖ 200 ml Kokosmilch ‖ Saft 1/2 Zitrone ‖ 150 ml Wasser ‖ Salz ‖ gehackte Korianderblätter zum Garnieren

EINS Das vorbereitete Gemüse in eine Schüssel mit kaltem Wasser geben. **ZWEI** Öl in einem großen, beschichteten Wok oder einer Pfanne erhitzen und Zwiebel hinzufügen. Bei mittlerer Hitze unter Rühren 4–5 Min. dünsten. Senfkörner, Curryblätter und Chili hinzufügen und 2–3 Min. pfannenrühren. **DREI** Gemüse abtropfen und zusammen mit Mohn, Kokosmilch, Zitronensaft und dem abgemessenen Wasser in die Pfanne geben. Temperatur herunterschalten, abdecken und ca. 6–7 Min. leicht köcheln lassen, bis das Gemüse gerade weich ist. Koriander unterrühren und sofort servieren.

Ergibt 4 Portionen

NÄHRWERTE JE PORTION 779 kJ – 188 kcal – 4 g Protein – 17 g Kohlenhydrate – 9 g Zucker – 12 g Fett – 6 g gesättigte Fettsäuren – 4 g Ballaststoffe – 70 mg Natrium

GESUNDHEITSTIPP Das frische, sanft gegarte Gemüse in diesem Rezept liefert sehr viele Nährstoffe und einen großen Beitrag zu den fünf Gemüse-Portionen, die Sie täglich zu sich nehmen sollten.

Mit Masala gegrillte Tomaten sind eine wunderbare Beilage zu Fleisch- und Fischgerichten. Belegen Sie Toasts damit für einen sättigenden Snack.

ZUTATEN 750 g reife, frische Roma-Tomaten ‖ 1 TL Garam Masala ‖ 1 TL gemahlener Koriander ‖ 2 TL Kreuzkümmelsamen ‖ 1/2 TL Chilipulver ‖ Saft 1 Zitrone ‖ leichtes Olivenöl zum Beträufeln ‖ Salz und frisch gemahlener schwarzer Pfeffer ‖ grob gehackte Koriander- und Minzeblätter zum Garnieren

EINS Tomaten längs halbieren und mit der Schnittseite nach oben auf ein Grillgitter legen. Garam Masala, gemahlenen Koriander, Kreuzkümmelsamen und Chilipulver darüber streuen und Zitronensaft darüber träufeln. Mit etwas Olivenöl beträufeln und gut salzen und pfeffern. **ZWEI** Grill auf hoher Stufe vorheizen. Grillgitter etwa 10 cm unterhalb der Hitzequelle platzieren und Tomaten ca. 5–6 Min. grillen, bis die Oberseite leicht gebräunt ist und die Tomaten saftig-weich sind. Vom Grill nehmen und auf einem Teller anrichten. Gehackte Kräuter darüber streuen und sofort servieren.

Ergibt 4 Portionen

NÄHRWERTE JE PORTION 249 kJ – 59 kcal – 2 g Protein – 7 g Kohlenhydrate – 6 g Zucker – 3 g Fett – 1 g gesättigte Fettsäuren – 3 g Ballaststoffe – 27 mg Natrium

GESUNDHEITSTIPP Tomaten enthalten den wertvollen Pflanzenwirkstoff Lycopin, der gegen einige Krebserkrankungen vorbeugend wirken soll. Gegarte Tomaten enthalten allem Anschein nach mehr Lycopin als frische.

Gurken-Kokos-Curry

Der milde Geschmack der Gurke wird hier durch scharfe Chilis, säuerliche Tamarinde und sahnig-süße Kokosnuss bestens ergänzt. Schmeckt als Beilage zu Fleisch, Fisch oder anderen Gemüsegerichten.

ZUTATEN 1 EL Tamarindenpaste ‖ 4 EL Wasser ‖ ½ TL Bockshornkleesamen ‖ 2 getrocknete rote Chilis ‖ 100 g frisch geriebene Kokosnuss ‖ ½ TL Gelbwurz ‖ 2 EL Sonnenblumenöl ‖ 1 EL Senfkörner ‖ 1 TL Kreuzkümmelsamen ‖ 8–10 Curryblätter ‖ 500 g Salatgurke, in 1 cm große Würfel geschnitten ‖ Salz

EINS Tamarindenpaste mit dem Wasser mischen und beiseite stellen. **ZWEI** Bockshornkleesamen und Chilis 1 Min. bei schwacher Hitze in einer Pfanne ohne Fett anrösten. Mit Mörser und Stößel zusammen mit der Tamarindenpaste, der Hälfte der Kokosnuss und dem Gelbwurz zu einer groben Paste zerstoßen. **DREI** Öl in einer Pfanne erhitzen und die Senfkörner hineingeben. Sobald sie aufplatzen, Kreuzkümmelsamen, Curryblätter und die Kokosmischung hinzufügen. Bei mittlerer Hitze 2–3 Min. unter Rühren köcheln lassen, Gurken dazugeben und weitere 5–6 Min. unter Rühren köcheln lassen. Gut abschmecken und die übrige Kokosnuss darüber streuen. Sofort servieren.

Ergibt 4 Portionen

NÄHRWERTE JE PORTION 788 kJ – 190 kcal – 3 g Protein – 8 g Kohlenhydrate – 5 g Zucker – 16 g Fett – 8 g gesättigte Fettsäuren – 4 g Ballaststoffe – 12 mg Natrium

GESUNDHEITSTIPP Gurken mögen zunächst vielleicht ungewöhnlich zum Pfannenrühren erscheinen, doch sie schmecken so zubereitet köstlich und sind in mehrerer Hinsicht gut für die Gesundheit: Sie wirken harntreibend und sollen auch hohen Blutdruck senken helfen.

Erbsen-Kartoffel-Bhaji

Als *Bhaji* werden einfache Gemüsegerichte bezeichnet, nicht zu verwechseln mit *Bhajiyas*, in Teig ausgebackenem Obst- oder Gemüse. Dieses pfannengerührte Bhaji ist schnell zubereitet und passt als Beilage zu allen Hauptgerichten.

ZUTATEN **1 EL leichtes Olivenöl ‖ 2 TL schwarze Senfkörner ‖ 1 EL frischer Ingwer, geschält und in feine Streifen geschnitten ‖ 2 TL Kreuzkümmelsamen ‖ 2 getrocknete rote Chilis ‖ 400 g frische oder tiefgefrorene Gartenerbsen ‖ 400 g Kartoffeln, gekocht und in 1,5 cm große Würfel geschnitten ‖ 2–3 EL Wasser ‖ Meersalz ‖ 1 EL frisch geriebene Kokosnuss zum Garnieren**

EINS Öl in einer großen beschichteten Pfanne erhitzen und die Senfkörner hineingeben. 2–3 Min. pfannenrühren, bis sie aufzuplatzen, dann Ingwer, Kreuzkümmel, Chilis, Erbsen und Kartoffeln unterrühren. **ZWEI** Bei hoher Temperatur 3–4 Min. pfannenrühren, Wasser angießen, abdecken und auf niedrige Stufe herunterschalten. 2–3 Min. leicht köcheln lassen und vom Herd nehmen. Abschmecken, mit Kokosnuss bestreuen und mit Rotis *(Seite 113)* oder Fladenbrot servieren.

Ergibt 4 Portionen

NÄHRWERTE JE PORTION 940 kJ – 225 kcal – 11 g Protein – 31 g Kohlenhydrate – 3 g Zucker 7 g Fett – 2 g gesättigte Fettsäuren – 7 g Ballaststoffe – 14 mg Natrium

GESUNDHEITSTIPP Kohlenhydrate sind ein wesentlicher Bestandteil einer jeden gesunden, ausgewogenen Ernährung, da sie den Körper mit Energie versorgen. Kohlenhydratreiche Speisen, wie dieses Kartoffelgericht, sollten mit frischem Gemüse und proteinhaltigen Gerichten wie Fisch- oder Reiscurry oder Dhal kombiniert werden.

Brokkoli mit Knoblauch, Kreuzkümmel und Chili

Pfannengerührt schmeckt knackiger, frischer Brokkoli köstlich mit Knoblauch, Chilis und wärmenden Gewürzen. Die einfachen, klaren Geschmacksnoten machen dieses Gericht zu einer perfekten Beilage zu üppigeren Fleisch- oder Fischgerichten.

ZUTATEN **1 EL Kichererbsenmehl (Besan oder Gram) ‖ 1 TL Salz ‖ 1 TL gemahlener Kreuzkümmel ‖ 1 TL gemahlener Koriander ‖ 1/2 TL Garam Masala ‖ 2 EL leichtes Olivenöl ‖ 4 Knoblauchzehen, in dünne Scheiben geschnitten ‖ 2 TL Kreuzkümmelsamen ‖ 2 rote Chilis, entkernt und in feine Ringe geschnitten ‖ 625 g Brokkoli-Röschen ‖ 1–2 EL Wasser**

EINS Kichererbsenmehl, Salz, Kümmel, Koriander und Garam Masala in einer kleinen Schüssel mischen. **ZWEI** Öl in einem großen beschichteten Wok oder einer Pfanne erhitzen, Knoblauch, Kreuzkümmelsamen und Chilis hineingeben und 1–2 Min. pfannenrühren. **DREI** Brokkoli hinzufügen und bei großer Hitze 3–4 Min. pfannenrühren. Auf schwache Hitze herunterschalten und die Kichererbsenmehl-Mischung gleichmäßig über den Brokkoli streuen. Pfanne abdecken und 5–6 Min. dünsten. **VIER** Das Wasser über den Brokkoli gießen, unter Rühren dünsten, bis die Röschen gleichmäßig mit der Mischung überzogen sind. Nochmals abschmecken und sofort servieren.

Ergibt 4 Portionen

NÄHRWERTE JE PORTION 557 kJ – 134 kcal – 9 g Protein – 7 g Kohlenhydrate – 2 g Zucker – 8 g Fett – 1 g gesättigte Fettsäuren – 1 g Ballaststoffe – 505 mg Natrium

GESUNDHEITSTIPP Brokkoli ist reich an Vitamin C, Folsäure, Eisen und Kalium. Auch Krebs bekämpfende Eigenschaften werden ihm nachgesagt. Wenn er auf so schonende Weise wie in diesem Rezept zubereitet wird, werden weniger Nährstoffe zerstört, als wenn er gekocht wird.

Spinat-Paprika-Kichererbsen-Bhaji

Dieses einfache Gemüsegericht wird am besten mit Dhal (Linsen) und Chapatis (Fladenbroten) serviert und ergibt so eine vollständige vegetarische Mahlzeit. Kichererbsen bilden eine wertvolle Proteinquelle für Vegetarier.

ZUTATEN **1 EL Sonnenblumenöl ‖ 1 TL fein geriebener frischer Ingwer ‖ 2 Knoblauchzehen, gepresst ‖ 1 große Schalotte, fein gehackt ‖ 1 rote Paprika, entkernt und in feine Streifen geschnitten ‖ 1 TL Chilipulver ‖ 1 TL gemahlener Kreuzkümmel ‖ 1 TL gemahlener Koriander ‖ 1 EL Tomatenmark ‖ 300 ml Wasser ‖ 400 g junger Spinat ‖ 1 Dose (400 g) Kichererbsen, abgetropft ‖ Salz**

EINS Öl in einer großen beschichteten Pfanne erhitzen. Ingwer und Knoblauch hineingeben und 30 Sek. bei mittlerer Hitze pfannenrühren. Schalotte und Paprika hinzufügen und 5–6 Min. unter Rühren andünsten, bis beides etwas weich ist. **ZWEI** Chilipulver, Kreuzkümmel, Koriander und Tomatenmark unterrühren. 2–3 Min. pfannenrühren, dann das abgemessene Wasser angießen und unter Rühren aufkochen. Spinat und Kichererbsen unterrühren und 5–6 Min. köcheln, bis der Spinat gerade zusammenfällt. Abschmecken und sofort servieren.

Ergibt 4 Portionen

NÄHRWERTE JE PORTION 743 kJ – 177 kcal – 11 g Protein – 21 g Kohlenhydrate – 6 g Zucker – 6 g Fett – 1 g gesättigte Fettsäuren – 9 g Ballaststoffe – 185 mg Natrium

GESUNDHEITSTIPP Verwenden Sie möglichst Kichererbsen, die in Wasser statt in Lake eingelegt sind, da letztere oft sehr salzhaltig sind. Wenn Sie nur Kichererbsen in Lake bekommen können, sollten Sie sie gut unter fließendem kaltem Wasser abspülen, bevor Sie sie verarbeiten.

Tomaten-Eier-Curry

Gekochte Eier in würziger Sauce zubereitet sind ein beliebtes Gericht in ganz Indien. Mit gekochtem Reis oder Fladenbrot und einer Gemüsebeilage oder einem Salat ergeben sie eine gesunde, nährstoffreiche Mahlzeit.

ZUTATEN 1 EL Sonnenblumenöl ‖ 1 große Zwiebel, halbiert und in feine Ringe geschnitten ‖ 1 TL fein geriebener Ingwer ‖ 2 Knoblauchzehen, zerdrückt ‖ 2 EL mittelscharfes Currypulver ‖ 1 Dose (400 g) gehackte Tomaten ‖ 1 TL Honig oder Zucker ‖ 8 große Eier, hart gekocht, geschält und halbiert ‖ Salz ‖ 4 EL fettarmer Joghurt zum Beträufeln

ZUM GARNIEREN gehackte Korianderblätter ‖ geröstete Kreuzkümmelsamen

EINS Öl in einer großen, beschichteten Pfanne erhitzen und Zwiebel hineingeben. Bei mittlerer Hitze 10–12 Min. dünsten, bis sie weich ist und eine goldene Farbe hat. Ingwer, Knoblauch und Currypulver hinzufügen und unter Rühren 1 Min. andünsten. **ZWEI** Gehackte Tomaten und Zucker unterrühren, Mischung aufkochen, Hitze reduzieren, abdecken und 10–12 Min. sachte köcheln lassen. Dabei häufig umrühren. Die Eier vorsichtig zu der Mischung geben und sanft erwärmen. Joghurt darüber träufeln, mit Koriander und Kreuzkümmelsamen bestreuen und abschmecken. Sofort mit gedämpftem Reis oder warmem Fladenbrot servieren.

Ergibt 4 Portionen

NÄHRWERTE JE PORTION 1252 kJ – 300 kcal – 21 g Protein – 14 g Kohlenhydrate – 11 g Zucker – 18 g Fett 5 g gesättigte Fettsäuren – 3 g Ballaststoffe – 284 mg Natrium

GESUNDHEITSTIPP Für Vegetarier sind Eier eine hervorragende Proteinquelle. Sie enthalten aber auch viel Cholesterol, weswegen man bei einer cholesterolarmen Ernährungsweise darauf achten sollte, nicht zu viele Eier pro Woche zu essen.

Indisches Masala-Omelette ist perfekt für ein Frühstück oder einen Brunch an einem faulen Wochenende. Mit einem Salat ergibt es auch ein leichtes Mittag- oder Abendessen.

ZUTATEN 1 TL Sonnenblumenöl ‖ ½ kleine rote Zwiebel, sehr fein gewürfelt ‖ 1 Roma-Tomate, entkernt und sehr fein gewürfelt ‖ 1 grüne Chili, entkernt und in feine Ringe geschnitten ‖ 1 Prise Gelbwurz ‖ ½ TL Kreuzkümmelsamen ‖ 2 EL gehackte Korianderblätter ‖ 2 große Eier, verquirlt ‖ ½ TL Salz

EINS Öl in einer mittelgroßen beschichteten Pfanne erhitzen. Alle Zutaten mischen und in die Pfanne geben. Bei mittlerer Hitze ca. 3–4 Min. braten, bis die Unterseite des Omelettes leicht gebräunt ist. Mit einem Pfannenwender Omelette vorsichtig falten, leicht zusammendrücken und 2–3 Min. braten. Wenden und weitere 2–3 Min. braten, bis es so fest ist, wie Sie es mögen. **ZWEI** Vom Herd nehmen und sofort mit warmem, knusprigen Brot servieren oder in warmes Chapati (Fladenbrot) einrollen.

Ergibt 1 Portion

NÄHRWERTE JE PORTION 972 kJ – 234 kcal – 16 g Protein – 6 g Kohlenhydrate – 4 g Zucker – 16 g Fett – 4 g gesättigte Fettsäuren – 1 g Ballaststoffe – 175 mg Natrium

GESUNDHEITSTIPP Scharfe Chilis sollen das Immunsystem stärken und werden oft empfohlen, um Erkältungen und Fieber abzuwehren.

Würziger Kohl in Senf geschmort

Senfkörner, die man in heißem Öl aufplatzen lässt, haben einen süßlichen, nussigen Geschmack und sind ein klassischer Aromastoff für viele indische Gemüsegerichte. Hier ergeben sie eine gute Kombination mit sanft gegartem, zarten Kohl.

ZUTATEN **1 EL Sonnenblumenöl ‖ 1½ EL schwarze Senfkörner ‖ 10–12 frische Curryblätter ‖ 1 TL getrockneter Urad Dhal ‖ 2 Zwiebeln, halbiert und in sehr feine Ringe geschnitten ‖ 2 getrocknete rote Chilis ‖ 1 TL Gelbwurz ‖ 500 g Grün- oder Weißkohl ‖ 100 ml Wasser ‖ Salz ‖ frisch geriebene Kokosnuss zum Garnieren**

EINS Öl in einer großen beschichteten Pfanne bei mittlerer Temperatur erhitzen. Senfkörner hineingeben und wenn sie aufzuplatzen, die Curryblätter und den Urad Dhal hinzufügen. Ca. 2–3 Min. pfannenrühren, bis der Dhal braun wird. **ZWEI** Zwiebeln und Chilis unterrühren. Bei hoher Temperatur unter häufigem Rühren ca. 4–5 Min. dünsten, bis die Zwiebeln weich werden. Gelbwurz und Kohl dazugeben und unter Rühren 2–3 Min. dünsten. Das abgemessene Wasser hinzufügen, abdecken und ca. 5–7 Min. leicht köcheln lassen, bis der Kohl weich ist, aber noch Biss hat. Abschmecken, mit frisch geriebener Kokosnuss bestreuen und sofort servieren.

Ergibt 4 Portionen

NÄHRWERTE JE PORTION 616 kJ – 148 kcal – 6 g Protein – 15 g Kohlenhydrate – 9 g Zucker – 7 g Fett – 2 g gesättigte Fettsäuren – 6 g Ballaststoffe – 14 mg Natrium

GESUNDHEITSTIPP Kohl gehört zur Familie der Kreuzblütler, die reich ist an gesundheitsfördernden Nährstoffen, unter anderem solchen, die Krebs vorbeugend wirken sollen. Braunkohl ist effektiver für die Gesundheit als Weißkohl, aber mit letzterem erzielt man bei diesem Rezept ein besonders süßes, knackiges Ergebnis.

Kartoffelbrei indischer Art

Kartoffelbrei schmeckt einfach wohltuend und diese Variante, die mit Chilis gewürzt und mit Zitronensaft aufgepeppt wird, macht dabei keine Ausnahme! Zusammen mit einem leichten, frischen Gemüsegericht als Beilage zu gegrilltem oder gebratenem Fisch oder Fleisch servieren.

ZUTATEN **1 kg mehlige Kartoffeln, geschält und grob gehackt ‖ 200 g Crème légère ‖ 1 rote Chili, entkernt und in feine Ringe geschnitten ‖ 6 EL fein gehackte Korianderblätter ‖ 4 Frühlingszwiebeln, in feinen Ringen ‖ 1 Prise Chilipulver ‖ Saft 1/2 Zitrone ‖ Salz**

EINS Kartoffeln in einem großen Topf mit leicht gesalzenem Wasser in ca. 12–15 Min. weich kochen. Abtropfen lassen, in eine Kartoffelpresse füllen und den Brei dann zurück in den Topf pressen. **ZWEI** Crème légère unterrühren und mit einem Holzlöffel solange verrühren, bis die Mischung glatt und cremig ist. Chili, Koriander, Frühlingszwiebeln, Chilipulver und Zitronensaft hinzufügen. Gut abschmecken und servieren.

Ergibt 4 Portionen

NÄHRWERTE JE PORTION 1194 kJ – 284 kcal – 8 g Protein – 47 g Kohlenhydrate – 4 g Zucker – 8 g Fett – 5 g gesättigte Fettsäuren – 4 g Ballaststoffe – 77 mg Natrium

GESUNDHEITSTIPP Die Crème légère macht diesen Kartoffelbrei unwiderstehlich cremig und ist gleichzeitig gesünder als Butter, die oft verwendet wird. Crème légère gibt es in den meisten Supermärkten und ist wesentlich empfehlenswerter als Crème fraîche.

Blumenkohl-Tarka

Tarka nennt sich eine ganze eigene Würzweise aus Indien. Die Gewürze werden hierbei in sehr heißem Öl gegart, um ihre Aromen freizusetzen. Das Öl wird dann verwendet, um das Essen zu würzen. Hier wird Blumenkohl in aromatisiertem Öl zart gegart.

ZUTATEN 1 EL Sonnenblumenöl ‖ 1 TL Kreuzkümmelsamen ‖ 1 TL gelbe Senfkörner ‖ 500 g Blumenkohl-Röschen ‖ 2 Knoblauchzehen, fein gehackt ‖ 2,5 cm frischer Ingwer in feinen Streifen ‖ 2 rote Chilis in feinen Ringe ‖ 1/2 TL Garam Masala ‖ 200 ml heißes Wasser ‖ Salz und frisch gemahlener schwarzer Pfeffer

EINS Öl in der Pfanne oder im Wok auf mittlerer Stufe erhitzen. Kreuzkümmelsamen und Senfkörner darin 1 Min. pfannenrühren, dann Blumenkohl, Knoblauch, Ingwer und Chilis dazugeben. **ZWEI** Temperatur hoch schalten und 6–7 Min. pfannenrühren, bis der Blumenkohl an den Rändern leicht gebräunt ist. Garam Masala zusammen mit dem Wasser unterrühren, gut vermischen, abdecken und bei hoher Temperatur 1–2 Min. kochen lassen. Vom Herd nehmen, abschmecken und sofort servieren.

Ergibt 4 Portionen

NÄHRWERTE JE PORTION 359 kJ – 86 kcal – 6 g Protein – 6 g Kohlenhydrate – 3 g Zucker – 5 g Fett – 1 g gesättigte Fettsäuren – 2 g Ballaststoffe – 15 mg Natrium

GESUNDHEITSTIPP Blumenkohl gehört zur Familie der Kreuzblütler, die viele wertvolle Pflanzenwirkstoffe enthält, und soll bei der Krebsvorbeugung und -bekämpfung helfen.

Kürbis-Curry

Durch das Kochen wird der Kürbis süß und harmoniert so wunderbar mit feurigem Chili und wärmenden Gewürzen wie Kreuzkümmel und Gelbwurz. Dieses Rezept ist nicht nur schnell gemacht, sondern hier passt auch rundum alles zusammen. Schmeckt als Gemüsebeilage zu Fleisch und Fisch oder allein mit gedämpftem Basmatireis oder Fladenbrot und evtl. noch einem kleinen Salat.

ZUTATEN 500 g Garten- oder Flaschenkürbis, in 2,5-cm-Würfel geschnitten ‖ 1 TL Gelbwurz ‖ 1 TL geräuchertes Paprikapulver ‖ 750 ml Wasser ‖ 200 g frisch geriebene Kokosnuss ‖ 1 TL Kreuzkümmelsamen ‖ 1 EL Sonnenblumenöl ‖ 1 TL schwarze Senfkörner ‖ 8–10 Curryblätter ‖ 2 kleine rote Chilis, längs geteilt ‖ Salz

EINS Kürbis mit Gelbwurz, Paprikapulver und Wasser in einen Topf geben. Aufkochen und ca. 6–8 Min. köcheln lassen, bis der Kürbis weich ist. **ZWEI** Die Hälfte der Kokosnuss zusammen mit den Kreuzkümmelsamen mit einer Gewürzmühle mahlen oder mit Mörser und Stößel zerkleinern. Zur Kürbismischung geben und unter Rühren 2–3 Min. köcheln lassen. Vom Herd nehmen. **DREI** In einer kleinen beschichteten Pfanne Öl erhitzen und Senfkörner, Curryblätter und Chilis hineingeben. Unter Rühren bei großer Hitze 1–2 Min. rösten, dann die Mischung über das Kürbiscurry gießen. Abschmecken und servieren.

Ergibt 4 Portionen

NÄHRWERTE JE PORTION 976 kJ – 236 kcal – 3 g Protein – 7 g Kohlenhydrate – 4 g Zucker – 22 g Fett – 16 g gesättigte Fettsäuren – 7 g Ballaststoffe – 12 mg Natrium

GESUNDHEITSTIPP Gemüse mit orangefarbenem Fleisch wie Kürbis enthalten viel Betakarotin, das das Immunsystem stärkt und vor Herz- und Krebserkrankungen schützen soll.

Körner, Reis, Hülsenfrüchte und Brote

Würziger Zitronenreis

Dieses Reisgericht mit Zitrusgeschmack ist in Südindien sehr beliebt und schmeckt besonders gut zu im Ganzen gegrilltem Fisch oder Hühnchen.

ZUTATEN **200 g Basmatireis ‖ 1 EL leichtes Olivenöl ‖ 12–14 frische Curryblätter ‖ 1 getrocknete rote Chili ‖ 2,5 cm Cassia-Rinde oder Zimtstange ‖ 2–3 Nelken ‖ 4–6 Kardamomkapseln ‖ 2 TL Kreuzkümmelsamen ‖ 1/4 TL Gelbwurz ‖ Saft von 1 großen Zitrone ‖ 450 ml kochendes Wasser ‖ Meersalz ‖ gehackte Korianderblätter zum Garnieren**

EINS Reis in ein Sieb geben und gründlich unter fließendem kalten Wasser waschen. Gut abtropfen lassen und beiseite stellen. **ZWEI** Öl in einem beschichteten Topf erhitzen und Curryblätter, Chili, Cassia-Rinde oder Zimtstange, Nelken, Kardamom, Kreuzkümmelsamen und Gelbwurz hineingeben. 20–30 Sek. pfannenrühren und den Reis hinzufügen. 2 Min. pfannenrühren, dann den Zitronensaft und das Wasser angießen. Aufkochen, Topf gut verschließen und Temperatur auf niedrig herunterschalten. **DREI** 10–12 Min. köcheln lassen, vom Herd nehmen und 10 Min. ruhen lassen. Reis mit einer Gabel auflockern, abschmecken und vor dem Servieren mit dem gehackten Koriander bestreuen.

Ergibt 4 Portionen

NÄHRWERTE JE PORTION 1009 kJ – 240 kcal – 5 g Protein – 46 g Kohlenhydrate – 0 g Zucker – 4 g Fett – 1 g gesättigte Fettsäuren – 0 g Ballaststoffe – 4 mg Natrium

GESUNDHEITSTIPP Zitronen stecken voller Vitamin C, das wichtig zur Stärkung des Immunsystems, Heilung von Wunden und Vorbeugung von Herzkrankheiten ist. Vitamin C hilft dem Körper auch Eisen aufzunehmen.

Brinjal-Nuss-Reis

Brinjal ist der indische Name für Auberginen, die dort sehr beliebt sind und auf die unterschiedlichste Weise Verwendung finden. Hier bildet ihr saftiges Fruchtfleisch den perfekten Kontrast zum lockeren Reis und den zarten Cashew-Nüssen.

ZUTATEN 300 g Basmatireis ‖ 2 EL Sonnenblumenöl ‖ 2 Schalotten in feinen Ringen ‖ 1 TL schwarze Senfkörner ‖ 2 getrocknete rote Chilis ‖ 6–8 Curryblätter ‖ 2,5 cm Cassia-Rinde oder Zimtstange ‖ 2–3 Kardamomkapseln ‖ 1 Lorbeerblatt ‖ 200 g Aubergine in mundgerechten Stücken ‖ 1 TL Gelbwurz ‖ 600 ml kochendes Wasser ‖ Salz

ZUM SERVIEREN Saft ½ Zitrone ‖ 200 g gegrillte rote Paprika, gewürfelt ‖ 50 g geröstete Cashew-Nüsse ‖ gehackte frische Korianderblätter

EINS Reis mehrmals mit kaltem Wasser waschen, abtropfen und beiseite stellen. **ZWEI** Öl in einem großen beschichteten Wok oder einer Pfanne erhitzen und Schalotten, Senfkörner, Chilis, Curryblätter, Cassia-Rinde oder Zimt, Kardamom und das Lorbeerblatt hineingeben. Unter Rühren 1–2 Min. anbraten, dann den Reis hinzufügen. Vorsichtig umrühren, um den Reis mit der Gewürzmischung zu überziehen, dann Auberginen und Gelbwurz dazugeben. Gut mischen und das Wasser angießen. Gut abschmecken und aufkochen. Pfanne gut verschließen, auf niedrige Stufe schalten und 12–15 Min. köcheln lassen. Vom Herd nehmen und abgedeckt 10 Min. ruhen lassen. Zitronensaft darüber spritzen, Paprika dazugeben, Reiskörner mit einer Gabel auflockern und mit Cashew-Nüssen und Koriander bestreuen. Sofort servieren.

Ergibt 4 Portionen

NÄHRWERTE JE PORTION 1778 kJ – 426 kcal – 9 g Protein – 67 g Kohlenhydrate 3 g Zucker – 12 g Fett – 1 g gesättigte Fettsäuren – 2 g Ballaststoffe – 6 mg Natrium

GESUNDHEITSTIPP Cashew-Nüsse verleihen diesem Gericht nicht nur Biss und Aroma, sie liefern auch Proteine und sind eine gute Vitamin B-Quelle.

Joghurt-Kräuter-Reis

Leicht gewürzter Reis, mit frischen Kräutern und Joghurt überzogen, ist eine schmackhafte Alternative zu einfachem gekochten oder gedämpften Reis. Joghurt hat eine kühlende Wirkung, weshalb dieses Gericht hervorragend zu sehr scharfen, würzigen Currys passt.

ZUTATEN **625 g Basmatireis ‖ 1 EL Sonnenblumenöl ‖ 1 TL Kreuzkümmelsamen ‖ ½ TL zerstoßene Koriandersamen ‖ 1 TL schwarze Senfkörner ‖ 1 rote Chili ‖ ½ TL geriebener Ingwer ‖ 750 g sehr fettarmer Naturjoghurt ‖ 8 EL gehackter frischer Dill ‖ Salz ‖ gehackte rote Chilis zum Garnieren**

EINS Reis nach Packungsanweisung weich aber mit Biss kochen, abtropfen und beiseite stellen. **ZWEI** Öl in einer großen beschichteten Pfanne erhitzen und Kreuzkümmel-, Koriandersamen und Senfkörner in die Pfanne geben. Wenn die Samen und Körner aufplatzen, Chili und Ingwer hinzufügen. Einige Sekunden pfannenrühren, die Mischung über den Reis gießen und gut vermischen. **DREI** Joghurt glatt rühren und zusammen mit dem gehackten Dill unter den gewürzten Reis rühren. Abschmecken, mit roten Chilis garnieren und sofort servieren.

Ergibt 4 Portionen

NÄHRWERTE JE PORTION 2898 kJ – 692 kcal – 22 g Protein – 136 g Kohlenhydrate – 15 g Zucker – 6 g Fett 1 g gesättigte Fettsäuren – 0 g Ballaststoffe – 170 mg Natrium

GESUNDHEITSTIPP Durch die Zugabe von Joghurt wird dieser Reis schön cremig, enthält aber nur einen Bruchteil des Fetts eines üppigeren, buttrigen Reisgerichts wie z. B. Reis-Pulao.

Minzereis mit Tomaten und Bohnenkeimlingen

Durch die Bohnenkeimlinge bekommt dieses leichte, frische pfannengerührte Gericht knackigen Biss. Die großzügige Verwendung von Knoblauch verleiht ihm viel Aroma.

ZUTATEN **2 EL leichtes Olivenöl ‖ 6 Frühlingszwiebeln, in sehr feine Ringe geschnitten ‖ 2 Knoblauchzehen, fein gehackt ‖ 750 g gekochter Basmatireis, abgekühlt ‖ 2 reife Roma-Tomaten, fein gehackt ‖ 250 g gemischte Bohnenkeimlinge (eine Mischung aus Adukibohnen-, Mungobohnen-, Linsen-, Kichererbsenkeimlingen) ‖ 1 kleine Hand voll Minzeblätter ‖ Salz und frisch gemahlener schwarzer Pfeffer**

EINS Öl in einem großen, beschichteten Wok oder einer Pfanne erhitzen. Frühlingszwiebeln und Knoblauch hineingeben und 2–3 Min. pfannenrühren. **ZWEI** Den gekochten Reis hinzufügen und weitere 3–4 Min. bei großer Hitze rühren. Tomaten und Keimlinge unterrühren und ca. 2–3 Min. bei hoher Temperatur kochen, bis alles erwärmt ist. **DREI** Vom Herd nehmen, salzen, pfeffern und Minzeblätter unterrühren. Sofort servieren.

Ergibt 4 Portionen

NÄHRWERTE JE PORTION 1250 kJ – 296 kcal – 6 g Protein – 56 g Kohlenhydrate – 3 g Zucker – 7 g Fett – 1 g gesättigte Fettsäuren – 6 g Ballaststoffe – 12 mg Natrium

GESUNDHEITSTIPP Bohnenkeimlinge zählen zum „living food“ und stecken voller wichtiger Vitamine, Mineralien und gesundheitsfördernder Pflanzenwirkstoffe. Sie bekommen sie in den meisten großen Supermärkten und Reformläden, können sie aber auch selbst zu Hause ziehen.

Würziger Gemüsegries

Dieses als *Uppama* bekannte herzhafte Gericht ist eher ein Pilaf. Es stammt aus dem im Südwesten Indiens gelegenen Bundesstaat Kerala, wo es diese Speise mit vielen verschiedenen Gewürz- und Gemüsekombinationen gibt. Senfkörner sind ein traditioneller Würzstoff.

ZUTATEN **175 g grober Gries || 1 EL Sonnenblumenöl || 1 TL schwarze Senfkörner || 1 TL Kreuzkümmelsamen || 1 getrocknete rote Chili || 10–12 Curryblätter || 1 Zwiebel, fein gehackt || 1 TL Garam Masala || 1 Karotte, fein gewürfelt || 100 g frische Erbsen || 10–12 Kirschtomaten, halbiert || 600 ml kochendes Wasser || Salz || frisch gehackte Korianderblätter zum Garnieren || Zitronenspalten zum Servieren**

EINS Gries in einer großen beschichteten Pfanne bei mittlerer Hitze ca. 10–12 Min. rösten, bis er goldbraun ist. Aus der Pfanne nehmen und beiseite stellen. **ZWEI** Pfanne wieder auf den Herd stellen und Öl hineingeben. Wenn es heiß ist, Senfkörner, Kreuzkümmelsamen, Chili, Curryblätter und Zwiebel in die Pfanne geben. Bei mittlerer Hitze ca. 5–6 Min. pfannenrühren, bis die Zwiebel weich ist, dann Garam Masala, Karotte, Erbsen und Kirschtomaten hinzufügen. 1–2 Min. pfannenrühren und den Gries und das Wasser dazugeben. Unter Rühren 5–6 Min. bei schwacher Hitze köcheln lassen, bis der Gries das gesamte Wasser aufgenommen hat. Abschmecken und mit den gehackten Korianderblättern garnieren. Mit Zitronenspalten zum Beträufeln servieren.

Ergibt 4 Portionen

NÄHRWERTE JE PORTION 1024 kJ – 243 kcal – 8 g Protein – 44 g Kohlenhydrate – 6 g Zucker – 5 g Fett – 1 g gesättigte Fettsäuren – 4 g Ballaststoffe – 19 mg Natrium

GESUNDHEITSTIPP Stärkehaltige Kohlenhydrate wie der hier verwendete Gries sollten Bestandteil einer jeden Mahlzeit sein. Sie versorgen den Körper mit der Energie, die Sie benötigen, um gut durch den Tag kommen.

Hühnchen-Pilz-Pulao

Dieses Reisgericht ist so schmackhaft und sättigend, dass es als vollständige Mahlzeit serviert werden kann. Wahlweise können Sie dazu auch einen leichten, knackigen Salat oder etwas Dattel-Aprikosen-Rosinen-Chutney *(Seite 124)* reichen.

ZUTATEN 1 EL Sonnenblumenöl ‖ 1 Zwiebel, fein gewürfelt ‖ 1 TL fein geriebener frischer Ingwer ‖ 1 TL fein geriebener Knoblauch ‖ 2 TL gemahlener Kreuzkümmel ‖ ½ TL zerstoßene Kardamomsamen ‖ 2,5 cm Cassia-Rinde oder Zimtstange ‖ 4 Nelken ‖ 250 g Hähnchenschenkel (ohne Haut und Knochen) in mundgerechten Stücken ‖ 200 g Shiitake-Pilze in dicken Scheiben ‖ 100 g grüne Bohnen in 2,5 cm großen Stücken ‖ 600 ml frische Hühnerbrühe ‖ 300 g Basmatireis, gewaschen und abgetropft ‖ Salz und frisch gemahlener schwarzer Pfeffer

EINS Öl in einer großen Pfanne mit schwerem Boden erhitzen und Zwiebel hineingeben. Bei mittlerer Hitze ca. 10–12 Min. dünsten, bis sie weich und leicht gebräunt ist. Ingwer, Knoblauch, Kreuzkümmel, Kardamom, Cassia-Rinde oder Zimtstange und Nelken hinzufügen. 2–3 Min. pfannenrühren, dann das Hühnchen dazugeben und bei großer Hitze 5–6 Min. garen. **ZWEI** Zwiebeln, grüne Bohnen, Brühe und Reis unterrühren, abschmecken und aufkochen. Pfanne gut abdecken, auf niedrige Stufe herunterschalten und 12–15 Min. köcheln lassen. Vom Herd nehmen und 10 Min. ohne Deckel ruhen lassen. Reiskörner mit einer Gabel auflockern und warm servieren.

Ergibt 4 Portionen

NÄHRWERTE JE PORTION 1685 kJ – 403 kcal – 20 g Protein – 63 g Kohlenhydrate – 2 g Zucker – 8 g Fett – 2 g gesättigte Fettsäuren – 2 g Ballaststoffe – 306 mg Natrium

GESUNDHEITSTIPP Klassischer Pulao wird oft mit viel Öl zubereitet. Hier wird nur wenig Öl gebraucht, um die Gewürze anzudünsten und so ihre Aromen freizusetzen. Auch durch die Verwendung von Hühnchen ohne Haut wird das Gericht weniger fetthaltig.

Dill-Reis

Leuchtend grüne Erbsen peppen den Reis optisch auf, die wärmende, süßliche Note der Gewürze macht seinen Geschmack aus – eine perfekte Beilage zu jeder Hauptspeise.

ZUTATEN **400 g Basmatireis ‖ 1 EL Sonnenblumenöl ‖ 3 Nelken ‖ 6 Kardamomkapseln, grob zerstoßen ‖ 2,5 cm Cassia-Rinde oder Zimtstange ‖ 4 Schalotten in feinen Ringen ‖ 1 TL Garam Masala ‖ 6 EL fein gehackter Dill ‖ 200 g frische oder tiefgefrorene Erbsen ‖ 600 ml Wasser ‖ Salz und frisch gemahlener Pfeffer**

EINS Reis mehrmals mit frischem kaltem Wasser abspülen, abtropfen lassen und beiseite stellen. **ZWEI** Öl in einem beschichteten Topf mit schwerem Boden bei mittlerer Temperatur erhitzen und Nelken, Kardamom, Cassia-Rinde oder Zimtstange hinzufügen. Unter Rühren einige Sekunden andünsten. Die Schalotten dazugeben, auf niedrige Stufe schalten und unter häufigem Rühren 12–15 Min. dünsten, bis sie leicht gebräunt sind. **DREI** Den abgetropften Reis zusammen mit Garam Masala, Dill und Erbsen in den Topf geben. Abgemessenes Wasser angießen, abschmecken und Mischung aufkochen. Topf fest verschließen, auf niedrige Stufe herunterschalten und 15–20 Min. in Ruhe köcheln lassen. Vom Herd nehmen und abgedeckt 15–20 Min. ruhen lassen. Reis vor dem Servieren auflockern.

Ergibt 4 Portionen

NÄHRWERTE JE PORTION 1815 kJ – 435 kcal – 11 g Protein – 87 g Kohlenhydrate 2 g Zucker – 4 g Fett – 1 g gesättigte Fettsäuren – 3 g Ballaststoffe – 3 mg Natrium

GESUNDHEITSTIPP In der Naturheilkunde schreibt man Dill verdauungsfördernde und beruhigende Eigenschaften zu, weshalb dieses Gericht eine besonders gute Beilage zu würzigen, scharfen Speisen ist.

Kichererbsen-Curry

Kichererbsen sind ein seit Jahrtausenden bekanntes Nahrungsmittel und in der indischen Küche sehr beliebt. Dieses klassische Curry wird mit Kichererbsen aus der Dose gemacht und ist im Nu fertig. Schmeckt als vegetarisches Hauptgericht oder kann als eines mehrerer Gemüsegerichte serviert werden.

ZUTATEN **1 EL Sonnenblumenöl ‖ 2 Knoblauchzehen, gepresst ‖ 1 TL fein geriebener frischer Ingwer ‖ 2 EL mittleres oder scharfes Currypulver ‖ 1 Dose (400 g) gehackte Tomaten ‖ 1 TL geriebener Jagre- oder Palmzucker ‖ 2 Dosen (à 400 g) Kichererbsen, abgespült und abgetropft ‖ Salz ‖ fettarmer Joghurt zum Beträufeln ‖ 1 kleine Hand voll gehackte Korianderblätter zum Garnieren**

EINS Öl in einem großen beschichteten Wok oder einer Pfanne erhitzen und Knoblauch und Ingwer hineingeben. 30 Sek. pfannenrühren und das Currypulver hinzufügen. Unter Rühren 1 Min. dünsten, dann die gehackten Tomaten und den Zucker dazugeben. Mischung aufkochen, abdecken, Temperatur herunterschalten und bei mittlerer Hitze 10–12 Min. köcheln lassen. **ZWEI** Kichererbsen unterrühren und gut vermischen. Bei mittlerer Hitze 3–4 Min. köcheln lassen. Abschmecken und vom Herd nehmen. Vor dem Servieren mit Joghurt beträufeln und mit gehacktem Koriander bestreuen.

Ergibt 4 Portionen

NÄHRWERTE JE PORTION 1232 kJ – 292 kcal – 16 g Protein – 39 g Kohlenhydrate – 5 g Zucker – 9 g Fett – 1 g gesättigte Fettsäuren – 1 g Ballaststoffe – 503 mg Natrium

GESUNDHEITSTIPP Hülsenfrüchte wie Kichererbsen enthalten große Mengen an verschiedenen Nährstoffen, so z. B. B-Vitamine, Eisen, Kalzium und Ballaststoffe. Außerdem sind sie eine gute Quelle für Kohlenhydrate, die vom Körper langsam aufgenommen werden und so konstant Energie zur Verfügung stellen.

Minziges Mungobohnen-Curry

Ein großer Teil der hinduistischen Bevölkerung Indiens lebt vegetarisch. Bohnen und Linsen bilden daher einen wichtigen Bestandteil der Ernährung. Durch die Kokosmilch wird das würzige, gesunde Curry köstlich cremig, die großzügige Verwendung von Kräutern verleiht ihm einen frischen Geschmack und Aroma.

ZUTATEN 250 g grüne Mungobohnen ‖ 1 TL Chilipulver ‖ ½ TL Gelbwurz ‖ 750 ml Wasser ‖ 2 Kartoffeln, geschält und gewürfelt ‖ 150 ml halbfette Kokosmilch ‖ 2 Roma-Tomaten, grob gehackt ‖ 1 grüne Chili, entkernt und fein gehackt ‖ 1–2 TL geriebener Palmzucker ‖ 1 kleine Hand voll grob gehackte Minze- und Korianderblätter ‖ Salz

EINS Mungobohnen, Chilipulver und Gelbwurz mit dem abgemessenen Wasser in einen großen Topf geben. Aufkochen, abdecken, Hitze verringern und 20–25 Min. leicht köcheln lassen. Kartoffeln hinzufügen und weitere ca. 12–15 Min. kochen, bis sie weich sind. **ZWEI** Kokosmilch, Tomaten und Chilis unterrühren und 4–5 Min. köcheln lassen. Palmzucker unterrühren und 2–3 Min. köcheln, bis er sich aufgelöst hat. **DREI** Vom Herd nehmen, gehackte Kräuter unterrühren, abschmecken und sofort servieren.

Ergibt 4 Portionen

NÄHRWERTE JE PORTION 1180 kJ – 278 kcal – 17 g Protein – 46 g Kohlenhydrate – 7 g Zucker – 4 g Fett – 2 g gesättigte Fettsäuren – 10 g Ballaststoffe – 68 mg Natrium

GESUNDHEITSTIPP Die hellen grünen Mungobohnen sind nicht nur eine hervorragende Proteinquelle, sondern enthalten auch sehr viele Ballaststoffe, die für eine gute Verdauung unerlässlich sind.

Spinat-Dhal

Keine indische Mahlzeit ohne eine Schüssel würzigen Linsen-Dhal, eines der im ganzen Land verbreitetsten Gerichte. Bei dieser Variante verleiht der frische junge Spinat dem Dhal noch ein Extra an Geschmack, Farbe und Struktur.

ZUTATEN **250 g rote Linsen, abgespült und abgetropft | 1,2 l Wasser | 1/4 TL Gelbwurz | 1 TL fein geriebener frischer Ingwer | 100 g junger Spinat, gehackt | 1 große Hand voll frische Korianderblätter, gehackt | 2 TL leichtes Olivenöl | 5 Knoblauchzehen in feinen Scheiben | 2 TL Kreuzkümmelsamen | 2 TL Senfkörner | 1 EL gemahlener Kreuzkümmel | 1 TL gemahlener Koriander | 1 rote Chili, fein gehackt | Meersalz**

EINS Linsen mit Wasser, Gelbwurz und Ingwer in einem großen Topf aufkochen und Schaum, der sich an der Oberfläche bildet, abschöpfen. **ZWEI** Temperatur herunterschalten und 20 Min. leise köcheln lassen, dabei gelegentlich umrühren. Spinat und gehackten Koriander dazugeben und unter Rühren 8–10 Min. köcheln lassen. **DREI** Öl in einer beschichteten Pfanne erhitzen. Knoblauch, Kreuzkümmelsamen, gemahlenen Kreuzkümmel und Koriander, Senfkörner und Chilis hineingeben. Bei großer Hitze 2–3 Min. pfannenrühren, die Mischung mit den Linsen gut vermengen, abschmecken und sofort mit Reis oder Naan-Brot servieren.

Ergibt 4 Portionen

NÄHRWERTE JE PORTION 1050 kJ – 248 kcal – 17 g Protein – 38 g Kohlenhydrate – 2 g Zucker 4 g Fett – 0 g gesättigte Fettsäuren – 8 g Ballaststoffe – 65 mg Natrium

GESUNDHEITSTIPP Sowohl Linsen als auch Spinat enthalten extrem viel Eisen, weshalb dieses Gericht für einen extra Eisen-Kick zu empfehlen ist. Außerdem stecken in Linsen reichlich Ballaststoffe und Protein, der Dhal ist daher erste Wahl für eine vegetarische Mahlzeit.

Bohnen-Kartoffel-Salat mit Kräutern

Dieser erfrischende und gesunde Salat passt als Beilage zu gegrillten, würzigen Fisch- oder Fleischgerichten. Auch das Joghurt-Dressing hat eine kühlende Wirkung – wenn Sie also nicht an scharfe Speisen gewöhnt sind, ist dieser Salat genau das Richtige.

ZUTATEN 8–10 kleine neue Kartoffeln ‖ 1 Knoblauchzehe, gepresst ‖ ½ TL gemahlener Kreuzkümmel ‖ ½ TL gemahlener Koriander ‖ ½ TL zerstoßene getrocknete rote Chilis ‖ 1 TL brauner Zucker ‖ 100 g sehr fettarmer Naturjoghurt ‖ 100 g sehr fettarmer Naturfrischkäse ‖ Saft 1 Limette ‖ 2 Frühlingszwiebeln, fein gehackt ‖ ½ rote Paprika, sehr fein gewürfelt ‖ je 100 g rote Kidney-Bohnen und Schwarzaugenbohnen aus der Dose, abgespült und abgetropft ‖ je 1 kleine Hand voll grob gehackte Koriander- und Minzeblätter ‖ Salz

EINS Kartoffeln weich kochen und halbieren. In eine große Schüssel geben und beiseite stellen. **ZWEI** Knoblauch, Kreuzkümmel, Koriander, Chilis, Zucker, Joghurt, Frischkäse und Limettensaft verquirlen. Mischung zusammen mit Frühlingszwiebeln, Paprika und Bohnen zu den Kartoffeln geben. Gut abschmecken und Kräuter hinzufügen. Vor dem Servieren gut vermischen.

Ergibt 4 Portionen

NÄHRWERTE JE PORTION 526 kJ – 124 kcal – 8 g Protein – 22 g Kohlenhydrate – 8 g Zucker – 1 g Fett – 0 g gesättigte Fettsäuren – 3 g Ballaststoffe – 139 mg Natrium

GESUNDHEITSTIPP Wenn man mit besten Absichten gesunden Salat isst, zerstört man die Wirkung oft durch ein üppiges, cremiges Dressing, weshalb unser Rezept mit einem Dressing aus Naturjoghurt eine gesundheitsbewusste Variante ist.

Roti mit Koriander- und Kreuzkümmelsprenkeln

ist eine leckere Alternative zu einfachen Chapati-Fladenbroten, um saftige Currys oder duftenden Reis aufzulöffeln. Durch den fein gehackten Koriander und die ganzen Kreuzkümmelsamen sieht das Brot ansprechend aus und erhält seinen besonderen Geschmack.

ZUTATEN 400 g Vollkornmehl, zusätzlich etwas zum Bestäuben ‖ 1 TL Salz ‖ 3–4 TL Kreuzkümmelsamen ‖ 2 EL sehr fein gehackte Korianderblätter ‖ 2–3 EL leichtes Olivenöl ‖ 250 ml lauwarmes Wasser

EINS Mehl, Salz, Kreuzkümmel und Koriander in einer großen Schüssel mischen. Öl hinzufügen und mit den Händen unterarbeiten. Nach und nach das Wasser zugeben und 5–6 Min. kneten, bis der Teig geschmeidig ist. Evtl. etwas zusätzliches Mehl dazugeben. Teig mit einem feuchten Tuch abdecken und 30 Min. ruhen lassen. **ZWEI** Teig in 16 Portionen teilen und zu Kugeln formen. Zu Fladen von 12–15 cm Ø ausrollen. Ggf. mit etwas Mehl bestäuben. **DREI** Eine große gusseiserne Griddle-Pfanne oder eine Pfanne mit schwerem Boden stark erhitzen. Rotis nacheinander auf jeder Seite 45 Sek. backen, dann wenden und weitere 1–2 Min. backen, bis sie an den Rändern leicht gebräunt sind. Aus der Pfanne nehmen und mit Alufolie warm halten, während Sie die anderen zubereiten. Mit verschiedenen warmen Gerichten – von Fisch über Fleisch und Hühnchen hin zu Gemüse und Salaten – servieren.

Ergibt 16 Roti

NÄHRWERTE JE ROTI 416 kJ – 98 kcal – 3 g Protein – 16 g Kohlenhydrate – 1 g Zucker – 3 g Fett – 0 g gesättigte Fettsäuren – 2 g Ballaststoffe – 123 mg Natrium

GESUNDHEITSTIPP Kreuzkümmel gilt inzwischen als Super-Gewürz mit starken antioxidanten Eigenschaften. Es enthält eine als Curcumin bekannte Verbindung, auf die die gesundheitsfördernde Wirkung zurückzuführen sein soll.

Zwiebel-Chili-Brot mit Gram-Mehl

Gram- oder Besan-Mehl wird aus gemahlenen Kichererbsen gemacht und gibt es in großen Supermärkten und Asia-Läden. Den Fladenbroten verleiht es einen angenehm nussigen Geschmack.

ZUTATEN 150 g Vollkornmehl ‖ 150 g Gram-Mehl ‖ 1 rote Zwiebel, fein gewürfelt ‖ 1 rote Chili, entkernt und fein gehackt ‖ 1 EL gehackte frische Korianderblätter ‖ 1 TL Kreuzkümmelsamen ‖ 1 TL Schwarzkümmelsamen ‖ 100–150 ml lauwarmes Wasser ‖ Salz ‖ Sonnenblumen- oder leichtes Olivenöl zum Bestreichen

EINS Das gesamte Mehl in eine große Schüssel sieben und Zwiebel, Chili, Koriander, Kreuz- und Schwarzkümmelsamen dazugeben. Würzen und vermischen. Nach und nach das abgemessene Wasser dazugießen und 2–3 Min. auf einer leicht bemehlten Arbeitsfläche kneten, damit ein weicher Teig entsteht. 5 Min. ruhen lassen. In 8 Portionen teilen und zu Kugeln formen. **ZWEI** Teigkugeln auf einer leicht bemehlten Arbeitsfläche zu Fladen von 12 cm Ø ausrollen. **DREI** Eine große flache Griddle-Pfanne oder eine beschichtete Pfanne erhitzen. Fladen nacheinander auf jeder Seite 30 Sek. backen. Mit etwas Öl bestreichen, wenden und 1 Min. backen, das Brot dabei drehen. Nochmals wenden und auf der anderen Seite ca.1 Min. backen, bis das Brot auf beiden Seiten leicht gebräunt ist. Aus der Pfanne nehmen und in Alufolie warm halten, während Sie die anderen Brote backen. Warm servieren.

Ergibt 8 Fladenbrote

NÄHRWERTE JE BROT 412 kJ – 97 kcal – 5 g Protein – 16 g Kohlenhydrate – 1 g Zucker – 2 g Fett – 0 g gesättigte Fettsäuren – 3 g Ballaststoffe – 7 mg Natrium

GESUNDHEITSTIPP Um so wenig Öl wie möglich zu verwenden, benutzen Sie am besten einen Backpinsel oder ein mit Öl getränktes Stück Küchenpapier, um die Brote zu bestreichen, so dass sie nicht in der Pfanne festkleben.

Dosas mit Garnelen und Krebsen

Die knusprigen Pfannkuchen mit herzhaft gewürzter Füllung sind in Südindien ein beliebtes Abendessen. Sie sind sehr sättigend und können als eigenständiges Gericht einfach mit Koriander-Minze-Kokos-Chutney *(Seite 129)* und evtl. einem frischen, knackigen Salat serviert werden.

ZUTATEN FÜR DIE DOSAS **400 g Reismehl ‖ 1/4 TL Backpulver ‖ 1 Ei ‖ 1 EL Sonnenblumenöl, zusätzl. etwas zum Bestreichen ‖ 1/2 TL fein zerstoßene Bockshornkleesamen ‖ Salz**

FÜLLUNG **1 EL Sonnenblumenöl ‖ 1 TL Kreuzkümmelsamen ‖ 1 Zwiebel, halbiert und in feine Ringe geschnitten ‖ 2 TL fein geriebener frischer Ingwer ‖ 2 TL fein geriebener Knoblauch ‖ 1 rote Chili in feinen Ringen ‖ 400 g gekochte und geschälte Garnelen und Krebsschwänze ‖ 2 EL gehackte frische Koriander- und Minzeblätter ‖ Salz**

EINS Für den Teig Reismehl, Backpulver, Ei, Sonnenblumenöl und Bockshornkleesamen in eine Schüssel geben. Langsam kaltes Wasser dazugießen und dabei die ganze Zeit mit den Zutaten verquirlen, damit ein Teig mit der Konsistenz von Crème double entsteht. Abschmecken, abdecken und 3–4 Std. ruhen lassen. **ZWEI** Für die Füllung Öl in einer großen Pfanne erhitzen. Kreuzkümmel und Zwiebel hineingeben. Abdecken und bei geringer Hitze ca. 10–12 Min. dünsten, bis die Zwiebel weich ist. Ingwer, Knoblauch und Chili dazugeben. Unter Rühren 1–2 Min. andünsten. Garnelen und Krebsschwänze hinzufügen, 1–2 Min. unter Rühren anbraten, Koriander unterrühren, abschmecken und vom Herd nehmen. Beiseite stellen und warm halten. **DREI** Für die Dosas eine mittlere beschichtete Pfanne mit Öl auspinseln und auf mittlerer Stufe erhitzen. Eine Schöpfkelle Teig in die Pfanne geben und drehen, um den Pfannenboden gleichmäßig zu bedecken. 1–2 Min. backen, wenden und auf der anderen Seite 30 Sek. backen. So mit dem gesamten Teig verfahren. Dosas füllen und mit Chutney servieren.

Ergibt 4 Portionen

NÄHRWERTE JE PORTION 750 kJ – 179 kcal – 10 g Protein – 28 g Kohlenhydrate – 1 g Zucker – 2 g Fett – 0 g gesättigte Fettsäuren – 0 g Ballaststoffe – 533 mg Natrium

GESUNDHEITSTIPP Frischer Ingwer, ein sehr wichtiges Gewürz für viele indische Gerichte, regt den Kreislauf an.

Würzige Gurkenpfannkuchen

Die Küchlein können im Voraus zubereitet und kurz vor dem Servieren im Ofen bei niedriger Temperatur aufgewärmt werden – ein praktisches Essen, wenn Sie Gäste erwarten.

ZUTATEN 150 g Salatgurke, grob gerieben ‖ 150 g geraspelte Kokosnuss ‖ 150 g Gram-Mehl ‖ 1 TL Kreuzkümmelsamen ‖ 1 rote Chili, fein gehackt ‖ 2 EL fein gehackte frische Korianderblätter ‖ Salz ‖ Sonnenblumenöl zum Fetten der Pfanne

MINZE-RAITA 8 EL fein gehackte Minzeblätter ‖ 6 EL fettarmer Naturjoghurt ‖ 1 TL brauner Zucker ‖ Salz und frisch gemahlener schwarzer Pfeffer

EINS Gesamte Flüssigkeit aus der Salatgurke herauspressen und die Gurke zusammen mit Kokosnuss, Gram-Mehl, Kreuzkümmelsamen, Chili und Koriander in eine Schüssel geben. **ZWEI** Zum Mischen etwas Wasser hinzufügen, damit ein Teig mit tropfender Konsistenz entsteht. Abschmecken. **DREI** Eine beschichtete Pfanne leicht mit Öl fetten und Herd auf mittlere Stufe stellen. 1 Löffel Teig in die Pfanne geben und mit einem Löffelrücken zu einem Küchlein von 10 cm Ø flachdrücken. 2–3 Min. backen, wenden und weitere 2–3 Min. backen, bis der Pfannkuchen leicht gebräunt ist. Herausnehmen und bis zum Servieren abgedeckt in einem Ofen bei niedriger Temperatur warm halten, während Sie den restlichen Teig verarbeiten. **VIER** Für die Raita alle Zutaten in der Küchenmaschine zu einer Mischung mit ziemlich glatter Konsistenz mixen. Mit den Pfannkuchen servieren.

Ergibt 4 Portionen

NÄHRWERTE JE PORTION 1688 kJ – 405 kcal – 15 g Protein – 29 g Kohlenhydrate – 9 g Zucker – 26 g Fett – 20 g gesättigte Fettsäuren – 15 g Ballaststoffe – 79 mg Natrium

GESUNDHEITSTIPP Diese goldbraunen Gemüsepfannkuchen sind eine köstliche Alternative zu den knusprigen frittierten Poppadums, die in Westindien oft vor einer Mahlzeit serviert werden. Sie sind sehr sättigend, also nicht zu viele essen.

Relishes und Chutneys

Gurken-Minze-Raita

Diese erfrischende Raita ist so vielseitig, dass sie zu fast allen Gerichten, Snacks oder Mahlzeiten als Beilage gereicht werden kann. Die kühle Mischung aus Gurken und Joghurt bildet vor allem zu sehr würzigen Speisen einen angenehmen Kontrast.

ZUTATEN **1 große Salatgurke, geschält ‖ 250 ml sehr fettarmer Joghurt ‖ 1 TL Streuzucker ‖ 1 rote Chili, entkernt und in feine Ringe geschnitten ‖ 1 große Hand voll gehackte Minzeblätter ‖ Saft ½ Limette ‖ geröstete Kreuzkümmelsamen und Chilipulver zum Bestreuen**

EINS Gurke längs halbieren und Kerne mit einem Löffel auskratzen. Sie werden nicht gebraucht. Gurke in sehr feine Scheiben oder in Würfel schneiden und in eine Schüssel geben. **ZWEI** Joghurt und Zucker glatt rühren und Chili, Minzeblätter und Limettensaft hinzufügen. Abschmecken, über die Gurken gießen und gut vermischen. Bis zum Servieren kühlen. Kurz bevor Sie die Raita auftragen, mit Kreuzkümmelsamen und Chilipulver bestreuen.

Ergibt ca. 400 ml

NÄHRWERTE JE ESSLÖFFEL 220 kJ – 53 kcal – 4 g Protein – 7 g Kohlenhydrate – 7 g Zucker – 1 g Fett – 0 g gesättigte Fettsäuren – 0 g Ballaststoffe – 55 mg Natrium

GESUNDHEITSTIPP Gurken enthalten viel Wasser und wenig Kalorien – jedem der Diät macht also nur zu empfehlen. Rohe Gurken sind manchmal schwer verdaulich, aber in unserem Rezept werden die Kerne entfernt, wodurch das Gericht magenfreundlicher wird.

Dattel-Aprikosen-Rosinen-Chutney

Dieses süß-würzige Chutney voller Aromen braucht nicht gekocht zu werden und hebt jedes Gericht, zu dem es serviert wird! Wenn Sie möchten, können Sie statt der Rosinen auch goldene Sultaninen verwenden. Das Chutney hält sich im Kühlschrank bis zu einer Woche.

ZUTATEN 200 g küchenfertige getrocknete Datteln ohne Kerne ‖ 100 g küchenfertige getrocknete Aprikosen ohne Kerne ‖ 1 EL Tamarindenpaste ‖ 3 EL Bio-Tomatenketchup ‖ 1 TL gemahlener Koriander ‖ 2 TL brauner Zucker ‖ 1 TL scharfes Chilipulver ‖ 1 EL gehackte frische Minzeblätter ‖ 250 ml Wasser ‖ 50 g Rosinen ‖ Salz

EINS Datteln und Aprikosen fein hacken und mit Tamarindenpaste, Ketchup, Koriander, Zucker, Chilipulver und Minzeblättern in die Küchenmaschine geben. **ZWEI** Abgemessenes Wasser dazugießen und die Mischung in Intervallen mixen, bis alle Zutaten gut verbunden sind, die Mischung aber noch eine leicht stückige Konsistenz hat. Mischung vom Rand der Küchemaschine kratzen und noch einmal 1–2 Min. mixen. **DREI** Dattel-Aprikosen-Mischung in eine Schüssel füllen und Rosinen unterrühren. Abschmecken, abdecken und bis zum Servieren kühlen.

Ergibt ca. 400 ml

NÄHRWERTE JE ESSLÖFFEL 240 kJ – 56 kcal – 1 g Protein – 14 g Kohlenhydrate – 14 g Zucker – 0,25 g Fett – 0 g gesättigte Fettsäuren – 2 g Ballaststoffe – 67 mg Natrium

GESUNDHEITSTIPP Getrocknete Früchte wie Datteln, Aprikosen und Rosinen stecken voller Eisen, Magnesium und Antioxidationsmittel. Allerdings enthalten sie auch sehr viel natürlichen Fruchtzucker und sollten deswegen nicht im Übermaß gegessen werden – aber ein bis zwei Löffel dieses köstlichen Chutneys können nur Gutes bewirken!

Tamarinden-Paprika-Chutney

eignet sich als Beilage zu vielen Vorspeisen und Snacks. Ich verwende es, um einem einfachen Käse-Schinken-Sandwich das gewisse Etwas zu verleihen.

ZUTATEN **1 Block Tamarinde à 100 g ‖ 400 ml heißes Wasser ‖ 80 g geriebener Jagre- oder Palmzucker ‖ 50 g weicher brauner Zucker ‖ ½ rote Paprika, fein gewürfelt ‖ 6–8 schwarze Pfefferkörner ‖ 1 TL rotes Chilipulver ‖ 1 TL Meersalz ‖ 2 TL Kreuzkümmelsamen ‖ 1 TL gemahlener Kreuzkümmel ‖ ½ TL Garam Masala**

EINS Den Tamarindenblock mit dem Wasser in einen Topf geben und aufkochen. Temperatur herunterschalten und 20 Min. sanft köcheln lassen, bis die Tamarinde zerfallen und breiig geworden ist. Vom Herd nehmen und durch ein feines Metallsieb in einen Topf abseihen. Dabei so viel Flüssigkeit wie möglich herauspressen. **ZWEI** Jagrezucker, braunen Zucker, Paprika, Pfefferkörner, Chilipulver, Salz, Kreuzkümmelsamen, gemahlenen Kreuzkümmel und Garam Masala zur Tamarindenflüssigkeit geben. Unter häufigem Umrühren 15–20 Min. bei geringer Hitze köcheln lassen. Vom Herd nehmen, abkühlen lassen und in ein sterilisiertes Glas füllen. Das Chutney hält sich im Kühlschrank bis zu 2 Wochen.

Ergibt ca. 250 ml

NÄHRWERTE JE ESSLÖFFEL 349 kJ – 82 kcal – 1 g Protein – 20 g Kohlenhydrate – 19 g Zucker – 0,3 g Fett – 0 g gesättigte Fettsäuren – 0 g Ballaststoffe – 206 mg Natrium

GESUNDHEITSTIPP Rote Paprika enthalten extrem viel Vitamin C sowie das die Abwehrkräfte stärkende Antioxidant Betakarotin.

Schnelles Zitronen-Pickle

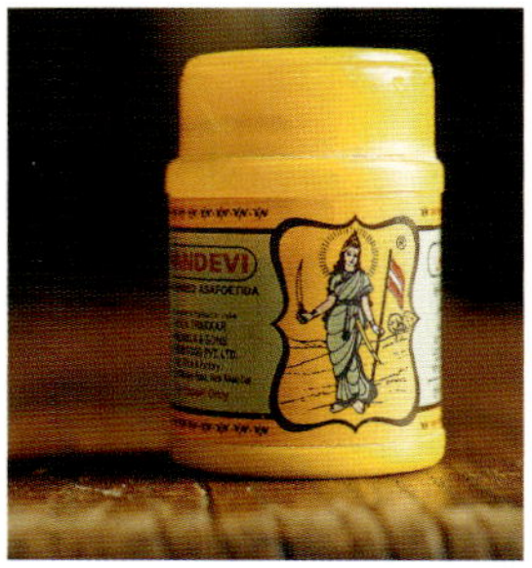

Bereiten Sie dieses Pickle an dem Tag zu, an dem Sie es verwenden wollen – aufbewahren können Sie es in einem luftdichten Behälter im Kühlschrank dennoch drei bis vier Tage. Es schmeckt zu allen Reis-, Linsen- und Gemüsegerichten.

ZUTATEN 1 EL Sonnenblumenöl ‖ 1 TL schwarze Senfkörner ‖ 6–8 Curryblätter ‖ 2 getrocknete rote Chilis, grob zerdrückt ‖ 2 EL Weißweinessig ‖ 300 g eingelegte Zitronen, grob gehackt ‖ 1 Prise gemahlener Asant ‖ Meersalz

EINS Öl in einer beschichteten Pfanne erhitzen und Senfkörner hineingeben. Wenn sie aufplatzen, Curryblätter und Chilis hinzufügen. Vom Herd nehmen und Essig und gehackte Zitronen dazugeben. **ZWEI** Pfanne wieder auf den Herd stellen und bei mittlerer Hitze 3–4 Min. köcheln lassen. Asant hinzufügen, gut abschmecken und vom Herd nehmen. Vor dem Servieren vollständig abkühlen lassen.

Ergibt ca. 350 ml

NÄHRWERTE JE ESSLÖFFEL 211 kJ – 50 kcal – 1 g Protein – 3 g Kohlenhydrate – 1 g Zucker – 3 g Fett – 0 g gesättigte Fettsäuren – 1 g Ballaststoffe – 6 mg Natrium

GESUNDHEITSTIPP Traditionelle Zitronen-Pickle sind sehr salzig, diese leichte, frische Variante aber kommt mit sehr wenig Salz aus und ist somit besser für Ihre Gesundheit. Es hält sich nicht besonders gut, aber es gelingt so einfach, dass es sich lohnt, es frisch zu machen.

Frisches Tomaten-Relish

Von seiner Konsistenz her gleicht dieses spritzige Relish voller Sommer-Aromen einer Salsa. Es ist schnell zubereitet und passt zu fast allem, angefangen bei Fleischspießen über Reisgerichte hin zu Brot.

ZUTATEN 450 g reife Roma-Tomaten, entkernt und fein gehackt ‖ 1/2 kleine rote Zwiebel, fein gewürfelt ‖ 2 Knoblauchzehen, fein gewürfelt ‖ 1 grüne Chili, evtl. entkernt, in sehr feinen Ringen ‖ 1 kleine Hand voll gehackte Korianderblätter ‖ Saft von 2 Limetten ‖ Salz

EINS Tomaten, Zwiebel und Knoblauch in eine Schüssel geben. **ZWEI** Chili und Korianderblätter zur Tomatenmischung hinzufügen. **DREI** Limettensaft darübergießen, abschmecken und abdecken. Vor dem Servieren 30 Min. bei Raumtemperatur ziehen lassen.

Ergibt 4 Portionen

NÄHRWERTE JE ESSLÖFFEL 37 kJ – 9 kcal – 0 g Protein – 2 g Kohlenhydrate – 1 g Zucker – 1 g Fett – 0 g gesättigte Fettsäuren – 0,5 g Ballaststoffe – 4 mg Natrium

GESUNDHEITSTIPP Jede der Zutaten dieses frischen, pikanten Relish ist gut für Ihre Gesundheit: Tomaten sind reich an dem äußerst wertvollen Pflanzenwirkstoff Lycopin, Zwiebeln, Chilis und Knoblauch stärken das Immunsystem, Koriander enthält wertvolle Flavonoide und Limetten liefern Vitamin C.

Koriander-Minze-Kokos-Chutney

Reichen Sie dieses frische, würzige Chutney zu Snacks, als Dip oder als Relish, das löffelweise über gebackene oder gegrillte Fisch- und Fleischgerichte gegeben wird. Im Kühlschrank hält es sich bis zu einer Woche.

ZUTATEN 200 g gehackte frische Korianderblätter ‖ 100 g gehackte Minzeblätter ‖ 40 g frisch geriebene Kokosnuss ‖ 1 TL fein geriebener frischer Ingwer ‖ 2 Knoblauchzehen, gepresst ‖ 4–6 grüne Chilis, evtl. entkernt, gehackt ‖ 2 EL gemahlene Cashew-Nüsse ‖ 1 TL Amchoor (getrocknetes Mangopulver) ‖ Saft ½ Zitrone ‖ 1–2 TL brauner Zucker ‖ 150 ml sehr fettarmer Naturjoghurt ‖ Salz

EINS Alle Zutaten in die Küchenmaschine geben und in 3–4 Min. glatt mixen. Abschmecken und in ein Glas oder eine Schüssel geben. Abdecken und bis zur Verwendung kühlen.

Ergibt 1 Glas à 400 g

NÄHRWERTE JE ESSLÖFFEL 167 kJ – 40 kcal – 2 g Protein – 3 g Kohlenhydrate – 2 g Zucker – 3 g Fett – 1 g gesättigte Fettsäuren – 0,4 g Ballaststoffe – 14 mg Natrium

GESUNDHEITSTIPP Dieses Chutney ist eine gute Alternative zu den klassischen Dips der westlichen Küche, die oft mit sehr fetthaltigen, cremigen Zutaten wie Mayonnaise gemacht werden. Mit kleinen Stücken gegrillten Fladenbrots oder knackigen Gemüsesticks auflöffeln.

Mango-Schwarzkümmel-Pickle

Schnell zuzubereiten und eine Bereicherung für jedes Reis- oder Currygericht. Rohe grüne Mangos sind in der Regel in gut sortierten Asia-Großmärkten zu bekommen.

ZUTATEN **500 g rohe grüne Mangos, gewaschen, entsteint und in 1 cm große Stücke geschnitten ‖ 2 TL grobes rotes Chilipulver ‖ 2 Knoblauchzehen, fein gehackt ‖ 6 EL brauner Zucker ‖ 2 EL Weißweinessig ‖ 2 TL Schwarzkümmelsamen ‖ 2 TL Meersalz**

EINS Alle Zutaten in einem kleinen Topf bei mittlerer Hitze ca. 10 Min. köcheln lassen. Vom Herd nehmen, umrühren und abkühlen lassen. **ZWEI** In ein sterilisiertes Glas füllen und abdecken. Das Pickle hält sich im Kühlschrank bis zu einer Woche.

Ergibt 4 Portionen

NÄHRWERTE JE PORTION 587 kJ – 138 kcal – 1,25 g Protein – 33,5 g Kohlenhydrate – 25,5 g Zucker – 1 g Fett – 0,25 g gesättigte Fettsäuren – 0,25 g Ballaststoffe – 1021,5 mg Natrium

GESUNDHEITSTIPP Mangos sind ein guter Lieferant für Vitamin C, Karotin, Ballaststoffe und Kalium. Studien haben gezeigt, dass sie die Gesundheit allgemein verbessern und das Immunsystem stärken.

Schalotten-Thoran

ist ein leicht gekochter „Salat" bzw. ein Relish und wird im südlichen Indien zu fast jeder Mahlzeit gereicht, da er etwas Biss hat und so einen angenehmen Kontrast zu eher flüssigen Gerichten mit viel Sauce bildet.

ZUTATEN 2 EL leichtes Olivenöl ‖ 1 TL schwarze Senfkörner ‖ 1 TL Urad Dhal ‖ 8–10 Curry-Blätter ‖ 250 g Schalotten, fein gewürfelt ‖ 1 rote Chili, entkernt und fein gewürfelt ‖ 100 g frisch geriebene Kokosnuss ‖ Salz

EINS Öl in einer beschichteten Pfanne erhitzen und Senfkörner hineingeben. Sobald sie aufplatzen, Urad Dhal dazugeben und 1–2 Min pfannenrühren, bis der Dhal goldbraun ist. **ZWEI** Curryblätter, Schalotten und Chili hinzufügen und bei mittlerer Hitze ca. 5 Min. pfannenrühren, bis die Schalotten etwas weich geworden sind. Geriebene Kokosnuss dazugeben, 1–2 Min. pfannenrühren und Pfanne vom Herd nehmen. Abschmecken und servieren.

Ergibt 4 Portionen

NÄHRWERTE JE ESSLÖFFEL 707 kJ – 170 kcal – 2 g Protein – 7 g Kohlenhydrate – 5 g Zucker – 15 g Fett – 9 g gesättigte Fettsäuren – 4 g Ballaststoffe – 7 mg Natrium

GESUNDHEITSTIPP Schalotten gehören zur selben Familie wie Knoblauch. Studien haben gezeigt, dass Pflanzen aus der Familie der Lauchgewächse den Spiegel an gutem Cholesterol im Körper erhöhen. Dieses gute Cholesterol hilft, das schlechte aus unseren Arterien zu entfernen und kann so unter Umständen dazu beitragen, das Risiko von Herzerkrankungen zu mindern.

Desserts und Getränke

Mango-Kardamom-Chili-Eis

Einfach unwiderstehlich – dieses Eis aus süßesten Mangos, leicht gewürzt mit zerstoßenen Kardamomsamen hat ein aufregend anderes Aroma. Für einen versteckten „Kick" sorgt das Chilipulver.

ZUTATEN 5 große reife, süße Mangos, geschält, entsteint und Fruchtfleisch ausgelöst oder 300 ml frisches Mangopüree ‖ 1 TL zerstoßene Kardamomsamen ‖ 1/4 TL Chilipulver ‖ 200 ml kalorienarmer Vanillejoghurt ‖ frische Mangospalten oder frische Kirschen zum Garnieren (nach Belieben)

EINS Mangofleisch zusammen mit Kardamomsamen, Chilipulver und Joghurt in eine Küchenmaschine geben. **ZWEI** Mixen, bis die Mischung eine glatte Konsistenz hat, in einen Eisbereiter füllen und nach Herstellerangaben verfahren. **DREI** Wenn Sie keinen Eisbereiter haben, Mischung in einen gefrierbeständigen Behälter füllen, abdecken und 2–3 Std. einfrieren. Mit einer Gabel die Kristalle, die sich an den Behälterrändern bilden, lösen und umrühren, um die Mischung aufzulockern. Diesen Schritt 4- bis 5-mal wiederholen (etwa alle 30 Min.), bis die Mischung glatt und fest ist. Abdecken und bis zur Verwendung einfrieren. **VIER** Eis 10–15 Min. vor dem Servieren aus dem Gefrierfach nehmen und in flachen Dessertgläser oder -schalen anrichten. Nach Belieben mit Mangospalten oder Kirschen garnieren.

Ergibt 4 Portionen

NÄHRWERTE JE PORTION 660 kJ – 154 kcal – 3 g Protein – 36 g Kohlenhydrate – 35 g Zucker – 1 g Fett – 0 g gesättigte Fettsäuren – 0 g Ballaststoffe – 39 mg Natrium

GESUNDHEITSTIPP Chilis enthalten reichlich Carotinoid und Vitamin C und sollen die Durchblutung verbessern. Sie haben auch eine antibakterielle Wirkung und sind daher bei der Bekämpfung von Erkältungen und Grippe hilfreich.

Möhren-Halwa

In Indien wird dieses zart schmelzende, köstliche Dessert normalerweise für große Feste und an Feiertagen zubereitet.

ZUTATEN **1 l halbentrahmte Milch ‖ 375 g grob geriebene Möhren ‖ 50 g Butter ‖ 1 EL Goldsirup ‖ 100 g brauner Zucker ‖ 150 goldene Sultaninen ‖ 4 Kardamomkapseln, leicht zerstoßen ‖ ½ TL gemahlener Zimt ‖ fettarmer Joghurt oder Crème légère zum Garnieren (nach Belieben)**

EINS Milch, Möhren, Butter, Sirup, Zucker, Sultaninen, Kardamomkapseln und Zimt in einen Topf mit schwerem Boden geben und aufkochen. Temperatur herunterschalten und unter häufigem Rühren 20–25 Min. sanft köcheln lassen. **ZWEI** Vom Herd nehmen und warm servieren. Alternativ abkühlen lassen und die kalte Halwa mit einem Klecks Joghurt oder Crème légère am Tellerrand garniert servieren.

Ergibt 4 Portionen

NÄHRWERTE JE PORTION 1964 kJ – 465 kcal – 10 g Protein – 79 g Kohlenhydrate – 78 g Zucker – 15 g Fett 9 g gesättigte Fettsäuren – 5 g Ballaststoffe – 200 mg Natrium

GESUNDHEITSTIPP Möhren sind für ihre blutreinigenden Eigenschaften und ihren hohen Gehalt an Vitamin D bekannt. Gekocht sind sie sogar nährstoffreicher als roh. Das liegt daran, dass die Cellulosewände von rohen Möhren hart sind. Der Kochprozess hilft, sie aufzuschließen, wodurch das Betakarotin (das pflanzliche Provitamin A) vom Körper leichter aufgenommen werden kann.

Minziger Melonenfruchtsalat mit Ingwer

eignet sich bestens, um ein Mahl abzuschließen und den Gaumen zu reinigen. Durch den in Sirup eingelegten Stem-Ingwer bekommt das Dessert Biss und der delikate Geschmack der Melonen wird unterstrichen.

ZUTATEN **1 Honigmelone, ca. 300–400 g ‖ 1 Charentais-Melone, ca. 300–400 g ‖ ½ kleine Wassermelone, ca. 300–400 g ‖ 1 Cantaloupe-Melone, ca. 300–400 g ‖ 2 EL fein gehackter Stem-Ingwer ‖ 2 EL Sirup des eingelegten Ingwers ‖ 1 EL Zitronensaft ‖ 3 EL sehr fein gehackte Minzeblätter**

EINS Melonen schälen, entkernen und das Fruchtfleisch in mundgerechte Stücke schneiden oder mit einem Kugelausstecher kleine Bällchen formen. Den austretenden Fruchtsaft auffangen und mit dem Fruchtfleisch in eine große Schüssel geben. **ZWEI** Ingwer, Sirup, Zitronensaft und Minzeblätter über die Melonen streuen. Gut vermischen und vor dem Servieren möglichst 30 Min. ziehen lassen.

Ergibt 4 Portionen

NÄHRWERTE JE PORTION 1109 kJ – 259 kcal – 5 g Protein – 60 g Kohlenhydrate 60 g Zucker – 2 g Fett – 0 g gesättigte Fettsäuren – 7 g Ballaststoffe – 207 mg Natrium

GESUNDHEITSTIPP Melonen haben eine harntreibende Wirkung und einen reinigenden Effekt auf das Verdauungssystem. Melonen mit orangefarbenem oder rotem Fruchtfleisch wie Cantaloupe- oder Wassermelonen enthalten zudem das gesundheitsfördernde Betakarotin.

Wassermelonen-Limetten-Granita mit Wodka

Eisgekühlt mit einem Extra-Kick aus Chili und Wodka ist dieses ungewöhnliche Dessert mit seiner kristallartig-weichen Konsistenz genau das Richtige nach einer feurig-scharfen Mahlzeit.

ZUTATEN **½ kleine Wassermelone, entkernt und in Würfel geschnitten ‖ 4 EL brauner Zucker ‖ 1 TL fein gewürfelte rote Chili ‖ 100 ml Wasser ‖ Saft und fein geriebene Schale 1 Limette ‖ 3 EL Wodka**

EINS Melone in der Küchenmaschine fein mixen. **ZWEI** Zucker, Chili und Wasser in einen kleinen Topf geben und aufkochen. Temperatur herunterschalten, Limettenschale und -saft dazugeben und 1 Min. sanft köcheln lassen. Dabei solange rühren, bis der Zucker sich aufgelöst hat. Vom Herd nehmen und, sobald die Mischung abgekühlt ist, zusammen mit dem Wodka zur Wassermelone geben. Glatt mixen und die Mischung in ein weites, gefrierbeständiges Gefäß füllen. Abdecken und 4–5 Std. gefrieren lassen. **DREI** Zum Servieren aus dem Gefrierfach nehmen und die Masse mit einer Gabel kräftig umrühren, so dass sie in kleine Eiskristalle zerfällt. Alternativ die gefrorene Mischung in die Küchenmaschine geben und kurz in Intervallen mixen, bis die Masse die gewünschte kristallartig-breiige Konsistenz hat. Granita in gekühlte Gläser füllen und sofort servieren.

Ergibt 4 Portionen

NÄHRWERTE JE PORTION 563 kJ – 133 kcal – 1 g Protein – 27 g Kohlenhydrate – 27 g Zucker – 1 g Fett – 0 g gesättigte Fettsäuren – 1 g Ballaststoffe – 3 mg Natrium

GESUNDHEITSTIPP Granitas, die einem breiigen Sorbet ähneln, sind wesentlich gesünder als Eis. Sie sind praktisch fettfrei, und diese Variante enthält auch sehr wenig Zucker, da sie die natürliche Süße der Wassermelone nutzt.

Süße Vermicelli mit Safran und Nüssen werden in Indien

Seviyan genannt. Das klassische Dessert schmeckt als kleiner süßer Snack ebenso gut wie nach einer Mahlzeit. Der Safran verleiht ihm eine schöne goldgelbe Farbe.

ZUTATEN 2 EL leichtes Olivenöl ‖ 125 g braune Reis-Vermicelli (Fadennudeln) ‖ 750 ml halbentrahmte Milch ‖ 1 große Prise Safranfäden ‖ 1/2 TL zerdrückte Kardamomsamen ‖ 6 EL brauner Zucker ‖ 200 g Rosinen ‖ 100 g gehackte gemischte Nüsse zum Garnieren

EINS Öl in einem Topf mit schwerem Boden erhitzen. Vermicelli in Stücke von 4 cm brechen und in den Topf geben. Bei geringer Hitze 4–5 Min. pfannenrühren, bis sie hell goldbraun sind, die Milch angießen und aufkochen. **ZWEI** Safran, Kardamom und Zucker dazugeben und bei mittlerer Hitze 15–20 Min. unter Rühren köcheln lassen, bis die Mischung eingedickt ist. Rosinen unterrühren, 2–3 Min. unter Rühren köcheln lassen und vom Herd nehmen. **DREI** In Schälchen anrichten und 3–4 Std. abkühlen und ruhen lassen. Direkt vor dem Servieren mit Nüssen bestreuen.

Ergibt 4 Portionen

NÄHRWERTE JE PORTION 2523 kJ – 600 kcal – 17 g Protein – 91 g Kohlenhydrate – 65 g Zucker – 21 g Fett – 5 g gesättigte Fettsäuren – 5 g Ballaststoffe – 140 mg Natrium

GESUNDHEITSTIPP Traditionell wird ein *Seviyan* mit Butter und Vollmilch zubereitet, doch in dieser modernen Version wird einfach ungesättigtes Olivenöl und halbentrahmte Milch verwendet, was gesünder ist. Braune Reis-Vermicelli enthalten viele Ballaststoffe und kein Cholesterol.

Milchreis mit Pistazien und Sultaninen

Durch den gemahlenen Reis bekommt dieser Nachtisch seine cremig-sahnige Konsistenz, die einen schönen Gegensatz zu den saftigen Sultaninen und den knackigen grünen Pistazien bildet.

ZUTATEN 50 g grob gemahlener Reis | ¼ TL Kardamomsamen, zerdrückt | 900 ml halbentrahmte Milch | 6 EL brauner Zucker | 1 EL Rosenwasser | 4 EL gehackte Pistazienkerne | 2 EL goldbraune Sultaninen

ZUM GARNIEREN Pistazien, Sultaninen

EINS Reis mit Kardamom und 600 ml Milch in einen Topf geben. Unter häufigem Rühren aufkochen. **ZWEI** Restliche Milch dazugießen und bei mittlerer Hitze ca. 10–12 Min. köcheln lassen, bis die Mischung leicht eingedickt ist. Zucker und Rosenwasser unterrühren und weitere 2–3 Min. köcheln lassen. **DREI** Pistazien und Sultaninen unterrühren und die Mischung in vier kleine Schälchen füllen. 3–4 Std. kühlen und mit gehackten Pistazien und Sultaninen garniert servieren.

Ergibt 4 Portionen

NÄHRWERTE JE PORTION 1507 kJ – 357 kcal – 12 g Protein – 53 g Kohlenhydrate – 41 g Zucker – 12 g Fett – 2 g gesättigte Fettsäuren – 1 g Ballaststoffe – 127 mg Natrium

GESUNDHEITSTIPP Milchreis, der mit halbentrahmter Milch zubereitet wird, ist eine gesunde Dessertwahl. Die Sultaninen haben eine natürliche Süße, weshalb man nicht soviel Zucker zugeben muss, wie es normalerweise bei einer solchen Reisspeise notwendig ist.

Papaya-Granatapfel-Salat

Schwarzer Pfeffer über süße, saftige Früchte gestreut streicht deren Geschmack heraus. Dieser bunte Fruchtsalat voller Aromen ist einfach eine Augenweide und äußerst erfrischend.

ZUTATEN **1 große reife Papaya oder 2 kleinere, entkernt und in mundgerechte Stücke geschnitten ‖ 1 Granatapfel ‖ 2 TL klarer Honig ‖ Saft 1 Limette ‖ 1/4 TL zerstoßener schwarzer Pfeffer ‖ 1 EL Ingwerwein ‖ Minzeblätter zum Garnieren (nach Belieben)**

EINS Die Papaya in eine große, flache Schüssel geben. **ZWEI** Granatapfel quer halbieren und Kerne herauslösen (am besten mit einem schweren Löffel auf die Frucht klopfen und die Kerne herausfallen lassen). Kerne zur Papaya geben und gut vermischen. **DREI** Honig, Limettensaft, Pfeffer und Ingwerwein in einer kleinen Schüssel gut verquirlen. Über die Früchte gießen und vorsichtig vermengen. Nach Belieben vor dem Servieren mit Minzeblättern garnieren.

Ergibt 4 Portionen

NÄHRWERTE JE PORTION 423 kJ – 100 kcal – 1 g Protein – 25 g Kohlenhydrate – 4 g Zucker – 0 g Fett – 0 g gesättigte Fettsäuren – 0 g Ballaststoffe – 8 mg Natrium

GESUNDHEITSTIPP Papayas sind eine exzellente Wahl für ein Dessert: Sie enthalten das Enzym Papain, das die Verdauung von Protein unterstützen soll.

Mandelmilch-Sorbet

Auch als *Thandai* bekannt ist dieser kühle, entspannende Milchdrink, der gewöhnlich bei religiösen Festen oder festlichen Anlässen wie Holi (Frühlingsfest) und Divali (Lichterfest) getrunken wird.

ZUTATEN **200 g gemahlene Mandeln | ½ TL zerdrückte Kardamomsamen | 1 Prise geriebene Muskatnuss | 50 g brauner Zucker | 1 Prise Gelbwurz (nach Belieben) | 1,5 l halbentrahmte Milch**

EINS Alle Zutaten in einen Topf mit schwerem Boden geben und aufkochen. Vom Herd nehmen und 15–20 Min. ziehen lassen. **ZWEI** Mischung durch ein feines Metallsieb abseihen und 5–6 Std. oder über Nacht ruhen lassen. **DREI** Zum Servieren 4 hohe Gläser mit Eiswürfeln füllen und das Mandel-Sorbet darübergießen.

Ergibt 4 Portionen

NÄHRWERTE JE PORTION 2215 kJ – 519 kcal – 23 g Protein – 36 g Kohlenhydrate – 34 g Zucker – 34 g Fett 6 g gesättigte Fettsäuren – 6 g Ballaststoffe – 213 mg Natrium

GESUNDHEITSTIPP Die Zugabe von gemahlenen Mandeln erhöht zwar den Fett- und Kaloriengehalt dieses Drinks, doch Mandeln liefern auch B-Vitamine und andere wertvolle Nährstoffe, weshalb das Sorbet wesentlich gesünder ist als ein Milchshake aus Vollmilch und Eiscreme.

Masala Chai

Dieser mild gewürzte, entspannende Tee wird in ganz Indien getrunken und verkauft: an kleinen Straßenständen oder belebten Bahnhöfen. In Zügen wird er in kleinen Tontassen angeboten, die seinen Geschmack auf sehr eigene Weise beeinflussen.

ZUTATEN **2,5 cm frische Ingwerwurzel, grob gehackt ‖ 6 Nelken ‖ 2,5 cm Cassia-Rinde oder Zimtstange ‖ 4 Kardamomkapseln ‖ 500 ml Wasser ‖ 200 ml halbentrahmte Milch ‖ 3 EL indischer Tee (Darjeeling oder Assam) ‖ 2 EL brauner Zucker**

EINS Ingwer, Nelken, Cassia-Rinde oder Zimtstange, Kardamom, Wasser, Milch, Tee und Zucker in einen Topf mit schwerem Boden geben. **ZWEI** Mischung aufkochen, Temperatur herunterschalten und 2–3 Min. sanft köcheln lassen. **DREI** Vom Herd nehmen und Mischung durch ein feines Sieb abseihen. In Tassen oder hitzebeständige Gläser gießen und heiß servieren.

Ergibt 4 Portionen

NÄHRWERTE JE PORTION 959 kJ – 226 kcal – 8 g Protein – 44 g Kohlenhydrate – 42 g Zucker – 3 g Fett – 2 g gesättigte Fettsäuren – 0 g Ballaststoffe – 113 mg Natrium

GESUNDHEITSTIPP Die aromatischen Gewürze verleihen diesem Getränk nicht nur Geschmack, sie haben auch heilende Eigenschaften. Ingwer regt den Kreislauf an, Kardamom soll bei Übelkeit und Magenverstimmungen helfen und wird verwendet, um Erkältungen zu lindern.

Erdbeer-Lassi

Kalte, cremige Lassi – süße oder salzige Joghurtgetränke – sind sehr beliebt in ganz Indien. Diese süße Version mit Erdbeeren ist einfach köstlich.

ZUTATEN 400 g Erdbeeren, grob gehackt | 300 ml fettarmer Naturjoghurt | 30 g brauner Zucker | 750 ml eiskaltes Wasser | einige Tropfen Rosenwasser | grob gemahlener schwarzer Pfeffer zum Garnieren

EINS Erdbeeren mit der Hälfte des Wassers in der Küchenmaschine glatt mixen. **ZWEI** Joghurt, Zucker, restliches Wasser und Rosenwasser dazugeben und mixen, bis die Mischung cremig-schaumig ist. In gekühlte, hohe Gläser gießen, mit Pfeffer besprenkeln und sofort servieren.

Ergibt 4 Portionen

NÄHRWERTE JE PORTION 416 kJ – 99 kcal – 5 g Protein – 20 g Kohlenhydrate – 20 g Zucker – 1 g Fett – 0 g gesättigte Fettsäuren – 2 g Ballaststoffe – 68 mg Natrium

GESUNDHEITSTIPP Wenn Sie keine Zeit für ein richtiges Frühstück haben, ist dieser gesunde, sättigende Drink eine hervorragende Alternative.

Karotten-Rote-Bete-Saft mit Ingwer

Für dieses Rezept braucht man unbedingt einen guten Entsafter, weil nur so alle Nährstoffe auf sanfte und schonende Weise aus den Zutaten gelöst werden. Anstelle der Roten Bete können auch vier bis sechs Äpfel verwendet werden.

ZUTATEN **10 große Bio-Karotten ‖ 4 große Rote-Bete-Knollen ‖ 2,5 cm frische Ingwerwurzel**

EINS Das Gemüse vollständig entsaften. **ZWEI** Nach Belieben passieren und sofort servieren.

Ergibt 4 Portionen

NÄHRWERTE JE PORTION 560 kJ – 133 kcal – 4 g Protein – 29 g Kohlenhydrate – 27 g Zucker 1 g Fett – 0 g gesättigte Fettsäuren – 1 g Ballaststoffe – 155 mg Natrium

GESUNDHEITSTIPP Rote Bete enthält viel Folsäure und Mangan, Karottensaft steckt voller Biotin, das gut für Haut, Haare und Nerven ist.

Geeister Kardamom-Kaffee

Früh am Morgen, nach dem Mittagessen oder sogar am Abend – dieser süßlich aromatische Kaffee schmeckt zu jeder Tageszeit.

ZUTATEN 5–6 Kardamomkapseln, grob zerdrückt ‖ 2,5 cm Cassia-Rinde oder Zimtstange ‖ 300 ml halbentrahmte Milch ‖ 300 ml hochwertiger, starker schwarzer Kaffee, kalt ‖ Zucker nach Belieben ‖ Kaffeesahne oder Vanilleeis zum Garnieren (nach Belieben)

EINS Kardamom mit Cassia-Rinde oder Zimtstange und Milch in einen Topf mit schwerem Boden geben. Aufkochen, vom Herd nehmen und ziehen lassen, bis die Mischung abgekühlt ist. **ZWEI** Kaffee in einen Mixer geben und die gewürzte Milch in den Mixer abseihen. Cremig mixen, nach Belieben Zucker einrühren und in den Kühlschrank stellen. 2–3 Std. kühlen. **DREI** Zum Servieren die kalte Kaffeemischung in gekühlte, mit Eiswürfeln gefüllte Gläser geben. Mit einem Löffel Kaffeesahne oder einer kleinen Kugel Vanilleeis garnieren.

Ergibt 4 Portionen

NÄHRWERTE JE PORTION 152 kJ – 36 kcal – 3 g Protein – 4 g Kohlenhydrate – 4 g Zucker – 1 g Fett – 1 g gesättigte Fettsäuren – 0 g Ballaststoffe – 42 mg Natrium

GESUNDHEITSTIPP Wenn Sie auf Ihr Gewicht oder Ihren Fettverzehr achten, sollten Sie den Kaffee ohne Kaffeesahne oder Eis zubereiten. Er schmeckt ohne genauso gut.

Minze-Zitronengras-Tee

ist einer von vielen entgiftenden Tees, für die man verschiedene Kombinationen aus Kräutern und Gewürzen mit heißem Wasser oder Milch aufgießt. Dieser hier hat einen frischen, klaren Duft – optimal, um den Gaumen frei zu machen.

ZUTATEN 750 ml Wasser ‖ 4 Zitronengrasstängel, leicht zerdrückt, um die Öle freizusetzen ‖ 1 kleine Hand voll Minzeblätter ‖ 1 EL Honig, nach Belieben

EINS Wasser in einem großen Topf aufkochen. Zitronengrasstängel dazugeben und 5–6 Min. kochen. Vom Herd nehmen. **ZWEI** Minzeblätter und nach Belieben Honig hinzufügen, abdecken und 10 Min. ziehen lassen. **DREI** In Tassen oder Gläsern servieren. Wahlweise kann das Getränk auch gekühlt in hohen Gläsern mit viel Eis serviert werden.

Ergibt 4 Portionen

NÄHRWERTE JE PORTION 5 kJ – 1 kcal – 0 g Protein – 0 g Kohlenhydrate – 0 g Zucker – 0 g Fett 0 g gesättigte Fettsäuren – 0 g Ballaststoffe – 0 mg Natrium

GESUNDHEITSTIPP Dieser beruhigende Tee regt die Verdauung an und eignet sich daher, um ihn Gästen nach einem üppigen Mahl anzubieten.

Register

Danksagung

HERAUSGEBER Nicky Hill
LEKTORAT Kate Tuckett
LAYOUT Geoff Fennell
FOTOS Jason Lowe/© Octopus Publishing Group Ltd
HERSTELLUNG Ian Paton
FOOD STYLING Sunil Vijayakar